Torspecken / Lang
Kostenrechnung und Kalkulation

Praxis der Unternehmensführung

Prof. Dr. Hans-Dieter Torspecken
Dipl.-Hdl. Dipl.-Kfm. Helmut Lang

Kostenrechnung und Kalkulation

Grundbegriffe der Kostenrechnung

Kostenarten-, Kostenstellen- und Kostenträgerrechnung

Kosten und Beschäftigungsgrad

Kostenrechnung und Preispolitik

Methoden der Kostenauswertung

Kostenrechnungssysteme

Fallstudie zur Deckungsbeitragsrechnung

GABLER

Die Deutsche Bibliothek – CIP-Einheitsaufnahme

Kostenrechnung und Kalkulation: Grundbegriffe der
Kostenrechnung; Kostenarten-, Kostenstellen- und
Kostenträgerrechnung; Kosten und Beschäftigungsgrad;
Kostenrechnung und Preispolitik; Methoden der
Kostenauswertung; Kostenrechnungssysteme; Fallstudie
zur Deckungsbeitragsrechnung/Hans-Dieter Torspecken;
Helmut Lang. – Durchges. Nachdr. der 1. Aufl. –
Wiesbaden: Gabler 1993
    (Praxis der Unternehmensführung)

NE: Torspecken, Hans-Dieter; Lang, Helmut

Der Gabler Verlag ist ein Urternehmen der Verlagsgruppe Bertelsmann
International.
© Betriebswirtschaftlicher Verlag Dr Th Gabler GmbH,
Wiesbaden 1993
Softcover reprint of the hardcover 1st edition 1993
Lektorat: Ursula Pfeiffer/Dr Walter Nachtigall

Dieses Buch ist auf säurefreiem und chlorarm gebleichtem Papier gedruckt.

Umschlaggestaltung: Susanne Ahlheim AGD, Weinheim
Satz: SATZPUNKT Ursula Ewert, Braunschweig
Druck und Bindung: Paderborner Druck-Centrum, Paderborn

ISBN-13: 978-3-409-13969-4   e-ISBN-13: 978-3-322-84607-5
DOI: 10.1007/978-3-322-84607-5

Inhalt

A Grundzüge der Kostenrechnung

1 Aufgaben und Grundbegriffe der Kostenrechnung

1.1 Aufgaben

Die Aufgaben der Kostenrechnung lassen sich in vier große Aufgabengruppen zusammenfassen:

■ **Bereitstellung von Unterlagen für die Angebotskalkulation und Preisbildung**

Jeder Unternehmer muß die im Zusammenhang mit der Fertigung und dem Absatz voraussichtlich anfallenden Kosten ermitteln, wenn er für die von ihm erstellten und angebotenen Produkte Preise bilden will, die gewinnbringend sind. Aber auch wenn dem Unternehmer der Preis als Datum, das er nur wenig beeinflussen kann, vom Markt vorgegeben wird, muß er seine Stückkosten kennen, wenn er richtige Produktions- und Absatzentscheidungen treffen will.

Von ebenso großer Bedeutung für die richtige Steuerung eines Unternehmens ist die Kenntnis der Erfolge, die in der Vergangenheit erwirtschaftet worden sind. Dazu ist es erforderlich, den erzielten Umsatzerlösen die tatsächlich angefallenen Kosten gegenüberzustellen:

Umsatzerlös (UE) − Kosten (K) = Erfolg (E)

Dieser Erfolg ist ein Gewinn (G), wenn die Erlöse höher sind als die Kosten, und ein Verlust (V) entsteht, wenn die Kosten die Erlöse übersteigen.

■ **Bereitstellung von Unterlagen für die nachträgliche Erfolgsermittlung**

Lange Zeit wurde diese und die zuerst genannte Aufgabe in den Mittelpunkt gestellt. Nur ganz allmählich setzte sich die Erkenntnis durch, daß die Kostenrechnung bei entsprechender Ausgestaltung ein ausgezeichnetes Instrument nicht nur zur Kostenermittlung, sondern auch zur Kostenkontrolle und -beeinflussung ist. Dieser Erkenntnis kommt vor allem in der heutigen Zeit, in der als Folge des heftigen Konkurrenzkampfes sowohl auf nationaler wie auch auf internationaler Ebene Kostensteigerungen nicht ohne weiteres im Preis weitergegeben werden können, besondere Bedeutung zu.

■ **Bereitstellung von Unterlagen für die Betriebskontrolle**

Daher ist es auch nicht verwunderlich, daß vor allem in mittleren und größeren Unternehmungen die Bereitstellung von Unterlagen für Kontrollzwecke als Aufgabe der Kostenrechnung inzwischen die gleiche Bedeutung gewonnen hat wie die beiden vorher genannten Funktionen. Zur Erfüllung dieser Aufgabe hat die Kostenrechnung eine ganze Reihe ausgezeichneter Instrumente entwickelt, auf die noch näher eingegangen wird (vgl. „Methoden der Kostenauswertung").

Über die bisher genannten Funktionen hinaus wird gerade in jüngster Zeit die Kostenrechnung als Instrument zur Unterstützung unternehmerischer Entscheidungen immer bedeutungsvoller. So wird es keinen verantwortungsbewußten Unternehmer geben, der wichtige Entscheidungen auf dem Produktions,- oder Investitionssektor ohne ausreichende Absicherung dieser Entscheidungen durch entsprechendes Zahlenmaterial der Kostenrechnung fällen wird. Die Fragen, ob neue Investitionen getätigt werden sollen oder nicht, ob die Produktion ausgedehnt oder gedrosselt werden soll, ob zusätzliche Produkte in das Verkaufsprogramm aufgenommen und andere gestrichen werden sollen, lassen sich nur beantworten, wenn die Konsequenzen dieser Entscheidungen zahlenmäßig bekannt sind. (Vgl. „Fallstudie Deckungsbeitragsrechnung"). Ebenso sind die Unterlagen der Kostenrechnung für die in die Zukunft gerichteten unternehmerischen Planungsrechnungen unentbehrlich.

■ **Bereitstellung von Unterlagen für unternehmerische Entscheidungen**

Daraus folgt der vierte wichtige Aufgabenbereich der Kostenrechnung, vor allem auf dem Investitions-, Produktions-, Absatz- und Planungssektor.

Sämtliche Detailfunktionen des betrieblichen Rechnungswesens lassen sich auf diese vier Aufgabengruppen zurückführen. Ihre Kenntnis ist also Voraussetzung, um die nachstehenden Ausführungen über den Aufbau und die vielfältigen Formen der Kostenrechnung zu verstehen.

1.2 Grundbegriffe

Das betriebliche Rechnungswesen hat zur eindeutigen Charakterisierung seiner Funktionen eine Reihe von Begriffsdefinitionen entwickelt, die jeder Kaufmann und Techniker kennen sollte, weil sie das gegenseitige Verständnis der kaufmännischen und betrieblichen Abteilungen erleichtern.

1.2.1 Kosten und Aufwand

Besondere Bedeutung kommen in diesem Zusammenhang den Begriffen „Kosten" und „Aufwand" zu.

Den Kostenbegriff hat die Betriebswirtschaftslehre dabei ganz bewußt, um Begriffsüberschneidungen zu vermeiden, auf den Bereich der betrieblichen Leistungserstellung beschränkt. Wenn betriebliche Leistungen erbracht werden sollen, müssen zuvor Güter (z. B. Rohstoffe, Hilfsstoffe, Brennstoffe, Energien) und Dienste (z. B. menschliche und maschinelle Arbeitskraft) eingesetzt werden. Die Bewertung dieses mengenmäßigen Einsatzes von Gütern und Diensten wird durch den Kostenbegriff zum Ausdruck gebracht.

Kosten sind also bewerteter Verbrauch an Gütern und Diensten zur Erstellung und zum Absatz betrieblicher Leistungen. Die mathematische Kurzform für diese Definition lautet:

$$K = M \times P,$$

wobei K die Kosten, M die eingesetzte Güter- und Dienstmenge, P den Preisansatz für die Güter und Dienste charakterisiert.

Mit Aufwand wird demgegenüber der Werteverzehr der Unternehmung bezeichnet. Alle Vorgänge, die zu einer Ausgabe oder zu einer Verbindlichkeit für die Unternehmung führen, stellen Aufwand dar, wobei es völlig gleichgültig ist, ob dieser Aufwand betrieblich bedingt ist oder außerbetriebliche Ursachen hat.

Der Begriff des Aufwandes ist also dem der Kosten übergeordnet. Er umfaßt sowohl den Werteverzehr für die betriebliche Leistungserstellung (= Kosten) als auch solche Ausgaben, die mit dem eigentlichen Betriebszweck nichts zu tun haben.

Dieser „nichtbetriebliche Aufwand" heißt neutraler Aufwand. Schaubildlich stellt sich der Unterschied zwischen Kosten und

Aufwand wie folgt dar:

Neutraler Aufwand	Betrieblicher Aufwand
	Kosten

Die Begriffe „Kosten" und „Aufwand" sind weitgehend identisch; sie unterscheiden sich zunächst um die neutralen Aufwendungen. Dieser neutrale Aufwand wird in drei Gruppen eingeteilt:

■ betriebsfremder Aufwand

■ periodenfremder Aufwand

■ außergewöhnlicher Aufwand

Beispiel zu Aufwand und Kosten

Für eine Automobilfabrik ist der Einsatz von Blechen, Reifen, Energien, Brennstoffen, menschlicher und maschineller Arbeitskraft sowohl Aufwand als auch Kosten, da dieser Einsatz zu einer Ausgabe oder Verbindlichkeit führt, gleichzeitig aber der betrieblichen Leistungserstellung dient. Wenn diese Automobilfabrik einen bestimmten Geldbetrag für wohltätige Zwecke stiftet, stellt diese Stiftung zwar Aufwand, aber keine Kosten dar, weil sie in keinem Zusammenhang mit der Betriebstätigkeit steht.

Als *betriebsfremd* bezeichnet man solche Aufwendungen, die völlig losgelöst von der betrieblichen Tätigkeit entstehen (Beispiel: die oben erwähnte Stiftung für wohltätige Zwecke).

Periodenfremde Aufwendungen werden zwar strenggenommen durch den Betriebszweck verursacht, betreffen aber entweder eine frühere oder eine zukünftige Zeitperiode. Sie dürfen deshalb in die Kostenrechnung der laufenden Periode nicht einbezogen werden (z. B. Mietvorauszahlungen).

Auch die *außerordentlichen* Aufwendungen sind im gewissen Rahmen zwar betriebsbedingt, aber doch nicht typisch für den normalen Betriebsablauf. Ihre Einbeziehung in die Kosten würde das betriebliche Kostenbild u. U. erheblich stören (z. B. Groß-reparaturen als Folge von Feuer- oder Explosionsschäden).

Es ist darauf zu achten, daß im System des betrieblichen Rech-nungswesens diese neutralen Aufwendungen gar nicht erst in die Kostenrechnung einfließen und hier zu einer unrichtigen Belastung der Kostengüter führen, sondern vorher (in der Re-gel auf einem Abgrenzungskonto der Geschäftsbuchhaltung) aufgefangen werden. Über diese Aufwendungen, die keine Ko-sten darstellen, hinaus gibt es nun auch noch Kosten, die zwar in der Kostenrechnung und Kalkulation in Ansatz gebracht werden, die aber keinen Aufwand darstellen, weil sie zu keiner effektiven Geldausgabe führen. Da sie zusätzlich zu den betrieblichen Aufwendungen kalkuliert werden, heißen sie Zu-satzkosten oder kalkulatorische Kosten. Das umseitig darge-stellte Schaubild muß also wie folgt erweitert werden:

Neutraler Aufwand	Betrieblicher Aufwand	
	Grundkosten	Kalkulatorische Kosten = Zusatzkosten

Die wichtigsten Zusatzkostenarten sind die

■ kalkulatorischen Zinsen

■ kalkulatorischen Abschreibungen

■ kalkulatorischen Wagnisse und der

■ kalkulatorische Unternehmerlohn

Bei näherer Betrachtung dieser Kalkulationspositionen fällt auf, daß ihnen allen – mit Ausnahme des Unternehmerlohns –

auch entsprechende Aufwendungen in der offiziellen Bilanz-rechnung gegenüberstehen. Das veranlaßt manche Theoreti-ker der Betriebswirtschaftslehre, die kalkulatorischen Kosten noch einmal in zwei Gruppen aufzuteilen:

■ in die sogenannten Anderskosten (das sind diejenigen kalkulatorischen Kosten, denen in der Bilanz nur anders ermittelte Aufwendungen gegenüberstehen, z. B. die Fremd-kapitalzinsen oder die Abschreibungen)

■ in die eigentlichen Zusatzkosten (das sind diejenigen kalkulatorischen Kosten, die kein Äquivalent in der Bilanz haben, z. B. die eben erwähnten Unternehmerlöhne)

Entsprechend dieser Aufgliederung erhält das bereits gezeigte Vergleichsbild von Kosten und Aufwand folgendes Aussehen:

Neutraler Aufwand	Betrieblicher Aufwand		
	Grundkosten	Kalkulatorische Kosten	
		Anderskosten	Zusatzkosten

Gerade diese starke Differenzierung führt aber zu der Frage, warum denn diese bereits existierenden und vom Gesetzgeber genau definierten Aufwandspositionen nicht auch einfach in die Kostenrechnung und Kalkulation übernommen werden.

Die Begründung dafür liegt in der unterschiedlichen Zielsetzung von Kalkulation und offizieller Bilanzrechnung. Sowohl die Handels- als auch die Steuerbilanz wollen lediglich die in der Vergangenheit tatsächlich angefallenen Aufwendungen und Erträge oder – um es anders auszudrücken – die effektiven Einnahmen und Ausgaben zeigen. Sie sind also ausschließlich auf die Erfolgsdarstellung ausgerichtet und auch hier nur auf den Erfolgsausweis im Sinne des Gesetzgebers.

■ Zinsen

Deshalb dürfen in der offiziellen Jahresbilanz nur solche Zinsen ausgewiesen werden, die wirklich zu einer Geldausgabe geführt haben. Das aber können naturgemäß nur die Zinsen für aufgenommene Fremdmittel sein, für eingesetztes Eigenkapital braucht die Unternehmung keine Zinsen zu zahlen.

Diese Beurteilung des Zinsaufwandes ist vom Standpunkt der Kostenrechnung aus vor allem für die Zwecke der Angebotskalkulation und Preisbildung nicht tragbar. Sie hat – unabhängig davon, ob der kalkulierte Preis am Markt realisiert werden kann oder nicht – zunächst einmal den tatsächlichen Güter- und Diensteverzehr auszuweisen (vgl. „Bewertung der Kostengüter"). Dazu zählen aber nicht nur Zinsen für Fremdkapital, sondern auch solche für die eingesetzten eigenen Mittel; denn für diese Mittel würde der Unternehmer bei einem anderen Einsatz (z. B. Sparkonto oder Wertpapiere) auch ein entsprechendes Äquivalent beziehen. Also ist es nicht nur vertretbar, sondern betriebswirtschaftlich sogar zwingend notwendig, dieses Äquivalent in die Kostenrechnung und Kalkulation mit einzubeziehen.

■ Abschreibungen

Etwas Ähnliches gilt auch für die Abschreibungen, die in der offiziellen Jahresrechnung nur von den Anschaffungs- oder Herstellungswerten der betrieblichen Anlagen errechnet werden dürfen. Diese Forderung ergibt sich aus dem der Handels- und Steuerbilanz eigenen Prinzip der „nominellen Kapitalerhaltung", das den Erfolg nur aus der Gegenüberstellung von Ertrag und in der Vergangenheit eingesetzten Mitteln mißt und dabei den notwendigen Ersatz der Güter und Dienste in der Zukunft unberücksichtigt läßt.

Die Kostenrechnung dagegen dient den Zwecken der „substantiellen Kapitalerhaltung". Sie hat dafür zu sorgen, daß solche

8

Preise kalkuliert werden, die es der Unternehmung gestatten, den Kostenverzehr der Vergangenheit wieder zu ersetzen.

Das gilt auch für die betrieblichen Anlagen. Mithin müssen in der Kostenrechnung und Kalkulation die Abschreibungen von den Wiederbeschaffungswerten der Zukunft berechnet werden und nicht von den Anschaffungs- oder Herstellungswerten der Vergangenheit. Nur dann ist gewährleistet, daß eine Anlage nach ihrer Abnutzung durch eine entsprechende neue ersetzt werden kann. Dieses Vorgehen ist vor allem in Zeiten steigender Preise gerechtfertigt, wo die Abschreibungsrechnung auf der Basis der Anschaffungs- oder Herstellungswerte stets zu Substanzverlusten führen muß, weil die Unternehmung bei jeder Ersatzinvestition die Differenz zwischen Altwert der Vergangenheit und Neuwert der Zukunft selbst tragen muß.

Hinzu kommt, daß die bilanziellen Ansätze für die Nutzungsdauer in der Regel nicht den tatsächlichen Verhältnissen entsprechen. Sie werden sowohl für die Zwecke der Steuerbilanz als auch im allgemeinen für die der Handelsbilanz den von den Finanzbehörden herausgegebenen bzw. mit ihnen ausgehandelten Tabellen entnommen. Diese Tabellen berücksichtigen aber über den tatsächlichen Werteverzehr hinaus auch noch geschäftspolitische Interessen, lassen aus Gründen der Vorsicht und des Gläubigerschutzes überhöhte Abschreibungen in einem bestimmten Rahmen zu und setzen deshalb Nutzungsdauern fest, die zumeist kürzer als die tatsächlichen sind.

Auch diese Auffassung kann von der Kostenrechnung nicht übernommen werden. Sie hat vielmehr für die Abschreibungsermittlung von der tatsächlich zu erwartenden Nutzungsdauer auszugehen.

Als weiterer Unterschied zwischen kalkulatorischen und bilanziellen Abschreibungen ist die sogenannte „Abschreibung über den Nulltarif hinaus" zu nennen. Entsprechend dem mehrfach erwähnten Prinzip, nur solche Aufwendungen als gewinnmindernd anzuerkennen, die auch tatsächlich in der

Vergangenheit entstanden sind, dürfen in der Bilanzrechnung Anlagen nur solange abgeschrieben werden, bis der Wert „0 DM" erreicht ist.

Wenn also beispielsweise die Anschaffungskosten einer Anlage 10 000 DM betragen haben und die Nutzungsdauer mit 10 Jahren angesetzt worden ist, ist die Anlage in der Regel nach Ablauf dieser Zeit voll abgeschrieben. Sofern sie darüber hinaus noch genutzt werden kann, werden in der Bilanzrechnung keine weiteren Abschreibungen als gewinnmindernde Aufwendungen akzeptiert.

In der Kostenrechnung hingegen wird in diesem Fall auch weiter abgeschrieben, um die „Kontinuität der Rechnung" nicht zu stören. Würde nämlich – wie in der Bilanz – die Abschreibungsverrechnung eingestellt, wäre das zwar zunächst für die Preisbildung und Erfolgsermittlung insofern günstig, als die zu kalkulierenden Kosten zurückgehen würden; wenn aber der Zeitpunkt der Ersatzbeschaffung kommt, müssen plötzlich wieder Abschreibungen in die Kalkulation einbezogen werden, welche die Kosten sprungartig in die Höhe treiben. Um diese Sprünge zu vermeiden, werden in der Kostenrechnung – sofern erforderlich – auch Abschreibungen „über Null hinaus" verrechnet.

■ Wagnisse

Aus den gleichen Gründen dürfen in der offiziellen Erfolgsabrechnung auch nur die tatsächlich in einer Bilanzperiode angefallenen Garantie- und Wagnisaufwendungen in Ansatz gebracht werden. Diese Aufwendungen fallen aber im allgemeinen sowohl nach der Höhe als auch nach der Zeit recht unregelmäßig an. Würden sie in dieser Form auch in die Kostenrechnung übernommen, wären Perioden- und Stückrechnung unter Umständen starken Schwankungen ausgesetzt. Aus diesem Grunde wird in die Kostenrechnung eine von Monat zu Monat gleichbleibende Wagnisrate eingestellt, die sich aus dem

10

Durchschnitt der effektiven Garantie- und Wagnisaufwendungen der Vergangenheit ergibt.

■ Unternehmerlohn

Der kalkulatorische Unternehmerlohn ist als Entgelt für die Tätigkeit des Unternehmers im eigenen Unternehmen gedacht. Da die Unternehmer in Kapitalgesellschaften (z. B. der Vorstand einer AG) Gehaltsempfänger sind, und dieses Gehalt als Personalaufwand ohnehin in der Kostenrechnung verrechnet wird, bleibt die Kostenart „kalkulatorischer Unternehmerlohn" auf Einzelunternehmen und Personengesellschaften beschränkt. Ihre Einbeziehung in die Kostenrechnung ist betriebswirtschaftlich völlig gerechtfertigt; denn der tätige Unternehmer erfüllt eine echte, in der Regel leitende Funktion, die auch im Preis entsprechend honoriert werden muß. Würde er diese Funktion nicht wahrnehmen, müßte er sie einem Angestellten übertragen, dessen Gehalt auch als Personalkosten in die Kostenrechnung eingehen würde. Die offizielle Bilanzrechnung kennt jedoch keine dieser kalkulatorischen Kostenart entsprechende Aufwandsposition. Steuerlich ist der Unternehmerlohn nicht abziehbar und gilt immer als Gewinn.

Damit wird deutlich, daß in die Kostenrechnung über den tatsächlichen Aufwand hinaus bestimmte kalkulatorische Kostenanteile zusätzlich einbezogen werden müssen, wenn der wirkliche Güter- und Diensteverzehr ermittelt werden soll. Das gilt völlig unabhängig davon, daß infolge der andersartigen Zielsetzung die kalkulatorischen Kosten in der offiziellen Jahresrechnung nicht in Ansatz gebracht werden können. Es ist lediglich darauf zu achten, daß die Verbindung zwischen beiden Rechnungen wiederhergestellt und aus den Zahlenwerten der Kostenrechnung der für die offizielle Erfolgsrechnung benötigte Aufwand abgeleitet werden kann.

1.2.2 Leistung

Der Leistungsbegriff ist für den Kostenrechner eine rein mengenmäßige Größe. Er versteht darunter die Zahl der vom Betrieb innerhalb einer bestimmten Zeitperiode hergestellten Erzeugniseinheiten.

Die Leistung kann man gliedern in:

■ Kundenleistung – die Menge der abgesetzten oder zum Absatz bereitstehenden Erzeugnisse

■ innerbetriebliche Leistung – die von eigenen Betriebsabteilungen für andere Stellen erbrachten Leistungen (z. B. Transport-, Reparatur-, Energieleistung)

1.2.3 Erlös

Der Gegenwert, der dem Unternehmen für die verkaufte Leistung zufließt, ist der Erlös. Damit sind nicht nur die baren Mittel gemeint, sondern auch Schecks, Wechsel und Forderungen.

1.2.4 Erfolg

Der Erfolg ergibt sich – wie schon im ersten Abschnitt dargestellt – aus der Gegenüberstellung von Erlösen und Kosten. Er ist ein Gewinn, wenn die Erlöse die Kosten übersteigen, und ein Verlust, wenn die Erlöse niedriger sind als die Kosten.

2 Einteilung der Kostenrechnung

Um die vielgestaltigen Aufgaben des betrieblichen Rechnungswesens erfüllen zu können, müssen die innerhalb einer Zeitperiode (z. B. eines Monats oder eines Jahres) im Zusammenhang mit der Leistungserstellung entstehenden bzw. tatsächlich entstandenen Kosten ermittelt werden.

Da diese aber keineswegs eine einheitliche Größe darstellen,
sondern aus den verschiedenartigsten Teilkomponenten bestehen, die in den einzelnen Betriebsbereichen in unterschiedlicher Höhe anfallen und auch den betrieblichen Erzeugnissen
differenziert angelastet werden müssen, reicht es vor allem in
mittleren und größeren Unternehmungen mit vielgestaltigem
Produktionsprogramm nicht aus, die Kosten einer Abrechnungsperiode in nur einer Summe zu erfassen. Sie müssen
vielmehr sowohl nach Entstehungsorten als auch nach Kostenkategorien getrennt ermittelt und danach den vom Betrieb
erstellten Produkten so genau wie möglich zugerechnet werden.

Zu diesem Zweck wird die Kostenrechnung in die drei Gruppen
Kostenarten-, Kostenstellen- und Kostenträgerrechnung gegliedert.

■ Kostenarten werden dabei die einzelnen Kostenkategorien
(Löhne, Gehälter, Brennstoffe, Energie usw.) genannt,

■ Kostenstellen sind innerhalb der Unternehmung die Ent-
stehungsorte der Kosten, und unter

■ Kostenträgern werden die vom Betrieb erstellten Leistungseinheiten (Erzeugnisse, Aufträge, Kommissionen usw.) ver-
standen.

2.1 Die Kostenartenrechnung

2.1.1 Der Inhalt der Kostenartenrechnung

In der Kostenartenrechnung wird der Gesamtkostenblock einer Unternehmung aufgeteilt in drei Kostenartengruppen, die ihrerseits wieder in beliebig viele einzelne Kostenarten untergliedert werden können.

Dabei ist die Frage nach der notwendigen Tiefe dieser Gliederung nicht pauschal zu beantworten, sondern weitgehend entsprechend Größe und Art des Unternehmens, den Erfordernissen der Branche und nicht zuletzt den im Vordergrund stehenden Aufgaben des betrieblichen Rechnungswesens.

Als Mindestgliederung dürfte jedoch die Aufteilung der gesamten Kostensumme in die drei Gruppen

- Einzelkosten

- Gemeinkosten

- Sondereinzelkosten

anzusehen sein.

■ **Einzelkosten**

Zur Gruppe der Einzelkosten zählen dabei alle diejenigen Kostenarten, die dem Kostenträger, also dem vom Betrieb erstellten Produkt, direkt und unmittelbar zugeordnet werden können.

Das sind in erster Linie die Fertigungs- und die Fertigungsmaterialkosten, von denen man schon im Zeitpunkt ihrer Entstehung weiß, für welchen Kostenträger sie anfallen. Wenn z. B. für die Herstellung eines Erzeugnisses eine bestimmte Menge Material benötigt und bestimmte Arbeitsgänge erforderlich werden, kann sowohl in die Materialentnahme als auch in die Akkordscheine die Trägernummer dieses Erzeugnisses eingetragen werden. Am Ende der Abrechnungsperiode werden diese Belege nach Trägernummern sortiert und die durch die Fertigung der einzelnen Träger verursachten Lohn- und Materialwerte direkt errechnet (vgl. „Erfassung der Kosten").

■ **Gemeinkosten**

Als Gemeinkosten werden demgegenüber diejenigen Kosten bezeichnet, die zwar auch im Zusammenhang mit der Fertigung und dem Absatz der betrieblichen Erzeugnisse entstehen und demzufolge diesen auch angelastet werden müssen, die aber im Gegensatz zu den Einzelkosten den Produkten nicht unmittelbar zugerechnet werden können.

Wenn z. B. in einer Werkshalle mehrere Maschinen stehen, die in einer Abrechnungsperiode eine Vielzahl unterschiedlicher Produkte bearbeitet haben, so ist zwar der Stromverbrauch der Abrechnungsperiode in dieser Werkshalle feststellbar, u. U. kann sogar der Stromverbrauch einer jeden Maschine ermittelt werden, wenn entsprechende Meßeinrichtungen zur Verfügung stehen. Wie hoch aber der auf die einzelnen Produkte entfallende Stromanteil ist, läßt sich direkt nicht feststellen. Ähnliches gilt auch für den Gehaltsanteil des Betriebsleiters, den Werkzeugverbrauch der Maschinen, den Instandhaltungs- und Reparaturaufwand, den Verbrauch an Hilfs- und Betriebsstoffen usw.

Diese Gemeinkosten müssen daher zunächst global gesammelt und aufbereitet werden, um dann mit Hilfe individueller Schlüsselgrößen auf die Kostenträger verteilt zu werden. Diese Sammlung und Aufbereitung übernimmt im System des betrieblichen Rechnungswesens die Kostenstellenrechnung.

■ Sondereinzelkosten

Die Sondereinzelkosten sind demgegenüber – wie Fertigungslohn- und Fertigungsmaterialkosten auch – den betrieblichen Produkten direkt anlastbar; sie sind jedoch vom Anfall her so außergewöhnlicher Natur, daß man sie in der Kalkulation und Erfolgsrechnung gern gesondert darstellt.

In der Regel unterscheidet man zwischen Sondereinzelkosten der Fertigung (Beispiel: ein Kunde wünscht, daß das für ihn gefertigte Erzeugnis einer besonderen Röntgen- oder Ultraschall-Prüfung unterzogen wird, die normalerweise nicht üblich ist) und Sondereinzelkosten des Vertriebs (Beispiel: ein bestimmtes Produkt soll auf Wunsch des Kunden über das normale Maß hinaus verpackt werden). In beiden Fällen sind die entstehenden Kosten dem Erzeugnis oder dem Auftrag zwar direkt zurechenbar (also Einzelkosten), sie fallen aber außerhalb des normalen Fertigungs- und Absatzrahmens an und werden deshalb besonders ausgewiesen.

Inwieweit diese drei Kostenartengruppen nun noch weiter untergliedert werden müssen, hängt von der Beantwortung der obengenannten Fragen ab. Größere Unternehmungen mit differenziertem Produktionsprogramm werden eine erheblich tiefere Kostenartengliederung benötigen als kleine Betriebe, Handels- oder Bankbetriebe eine andere als solche der Industrie oder der Versicherungswirtschaft.

Im Industriebetrieb, für den eine aussagefähige Kostenrechnung von größerer Bedeutung ist als für die anderen Branchen und der aus diesem Grunde in dieser Darstellung stellvertretend für die anderen stehen soll, sind die Kosten zumindest in folgender Weise zu differenzieren:

Fertigungslohn Fertigungsmaterial	} Einzelkosten
Sondereinzelkosten der Fertigung Sondereinzelkosten des Vertriebs	} Sondereinzelkosten

16

Hilfslohn
Urlaubs- und Feiertagslohn
Gehälter
Soziale Abgaben
Energie
Brennstoffe   Gemeinkosten
Werkzeuge
Instandhaltung und Reparatur
Kalkulatorische Abschreibungen
Kalkulatorische Zinsen

Damit wird schon aus dieser Mindestgliederung deutlich, daß die Gemeinkostenarten vom Volumen her in der Regel den größten Raum einnehmen.

2.1.2 Der Zweck der Kostenartenrechnung

Die Frage nach dem Sinn einer so differenzierten Kostenartenrechnung läßt sich nur mit Blickrichtung auf die im ersten Abschnitt genannten Aufgaben des betrieblichen Rechnungswesens beantworten.

Für die Zwecke der Angebotskalkulation, Preisbildung und nachträglichen Erfolgsrechnung wird man oftmals schon mit einer Aufgliederung des Gesamtkostenblocks in die drei Kostengruppen auskommen.

Für die Zwecke der Betriebskontrolle ist aber eine wesentlich stärkere Unterteilung unbedingt erforderlich.

Es reicht – vor allem in größeren Betrieben – nicht aus, durch Zeit-, Betriebs- oder Soll-Ist-Vergleich – den Instrumenten der Betriebskontrollrechnung (vgl. „Methoden der Kostenauswertung") – festzustellen, daß sich die Kosten gegenüber bestimmten Maßstabswerten verändert haben, sondern es muß auch festgestellt werden, welcher Teil der Kosten für die entstandenen Abweichungen verantwortlich ist. Nur dann können Maßnahmen zur Bekämpfung eventueller Unwirtschaftlichkeiten ergriffen werden.

Wenn also – z. B. auf Grund eines Zeitvergleichs – festgestellt wird, daß die Kosten der Dreherei im Monat Mai erheblich höher gewesen sind als im Monat April, ist diese Feststellung allein für den Betriebsmann noch wenig aussagefähig. Erst wenn er weiß, ob es die Personalkosten, die Energiekosten, die Werkzeugkosten oder andere Kostenkategorien sind, die für das Entstehen der Abweichungen verantwortlich sind, kann er entsprechende Gegenmaßnahmen ergreifen. Dazu bedarf es einer differenzierten Kostenartenrechnung.

Voraussetzung für eine solche Kostenartenrechnung ist aber, daß die Kosten in den verschiedenen Stellen des Unternehmens auch entsprechend untergliedert erfaßt werden können. Das aber hängt wiederum ab von der Art und dem Entwicklungs-stand der Uraufschreibung in den Betrieben. Bevor deshalb auf die Weiterbelastung der Kosten auf Stellen und Träger einge-gangen wird, soll zunächst – wenigstens für die wichtigsten Kostenarten – gezeigt werden, wie sie in der Praxis am zweck-mäßigsten ermittelt werden können.

2.1.3 Die Erfassung der Kosten

■ **Fertigungslöhne**

Die Grundlage für die Darstellung der in einer Abrechnungs-periode angefallenen Fertigungslohnkosten bilden die entspre-chenden Fertigungslohnbelege, die zumeist Akkord-, seltener Zeitlohnbelege sind.

Es ist im Grunde genommen gleichgültig und nur für den innerbetrieblichen Organisationsfluß von Bedeutung, ob diese Belege als Einzellohnscheine, Listen, Bücher oder in anderer

18

Form ausgebildet sind, sofern sie nur alle die Angaben enthalten, die für die Zwecke der Lohnerfassung und -verteilung erforderlich sind.

Dazu zählen die Kenn-Nummer des Arbeiters, die Zeit und der Lohnsatz für die Lohnfindung, die Kostenstellen- oder Kostenplatz-Nummer für die Betriebszuordnung und die Nummer des Kostenträgers zur richtigen Belastung der Erzeugnisse oder Aufträge.

Mit Hilfe dieser Angaben können am Ende der Abrechnungsperiode durch Sortieren alle Zuordnungsprobleme gelöst werden.

Fertigungslohnschein

Personal-Nr.	Kostenstelle	M-Gruppe	Auftrags-Nr.
3 647	4 268	42	3 456 377
Arbeitsart	Vorgabezeit	Lohnsatz	Lohnwert
Bohren	8 Std.	16,–	128,–
Verfahrene Zeit	Datum	Unterschrift des Meisters	
6 Std.	20.5.	Müller	

■ **Fertigungsmaterial**

Auf ganz ähnliche Weise werden die Verbräuche an Fertigungsmaterial erfaßt. Voraussetzung ist die Verwendung entsprechend gestalteter Materialentnahmescheine. Diese müssen über die Art und die Menge des zu entnehmenden Materials hinaus vor allem die Nummer des zu belastenden Auftrages enthalten.

Auch in diesem Falle kann durch entsprechende Sortierung der rein mengenmäßige Materialverbrauch einer Abrechnungsperiode ermittelt werden. Größere Schwierigkeiten bereitet oftmals die Bewertung (vgl. „Bewertung der Kostengüter").

■ **Hilfslohn**

Im Hilfslohn werden solche Arbeiten vergeben, die einzelnen Aufträgen nicht unmittelbar zugeordnet werden können (z. B. Transport-, Reinigungs-, Kranfahrer-, Einrichtearbeiten usw.). Für seine Erfassung müssen Lohnscheine ausgestellt werden, die – mit Ausnahme der Kostenträger-Nummer – im Prinzip den Fertigungslohnscheinen entsprechen. Sie können am Ende einer Abrechnungsperiode nur nach Personal- und Kostenstellen-Nummern sortiert werden. Die für die Zwecke der Kalkulation notwendige Weiterbelastung auf die Kostenträger ist nur auf dem Umweg über die Kostenstellenrechnung möglich.

Materialentnahmeschein

Entnehmende Kostenstelle		Zu belastende Kostenstelle		Auftrags-/I. + R.-Nummer
4 268		4 268		3 456 377
Gegenstand	Teile	Abmessung		Warenschlüssel-Nr.
Karosseriebleche	3	0,8x350x350		722 841
Datum	Betr.-/Abt.-Leiter		Meister	Ausgeber
20.5.	Schulze		Müller	Meier

■ **Urlaubs- und Feiertagslöhne**

Urlaubs- und Feiertagslöhne sollten um der Kontinuität der Kostenrechnung willen nicht nach Anfall, sondern möglichst in Raten verrechnet werden. Anderenfalls würden die typischen Urlaubsmonate (Juli und August) mit entsprechend hohen Kostenanteilen zugunsten der urlaubsschwachen Monate belastet. Der negative Effekt für das Betriebsergebnis würde noch dadurch verstärkt, daß in der Regel in der Urlaubszeit die Produktionsleistung der Betriebe erheblich zurückgeht, so daß eine verminderte Erzeugung erhöhte Kosten zu tragen hätte.

Die Praxis kennt verschiedene Möglichkeiten für eine solche Verteilung in Raten. So wird in vielen Betrieben der mutmaßlich für ein Geschäftsjahr aufzuwendende Urlaubs- und Feiertagslohn geschätzt, durch 12 dividiert und jeder Abrechnungsmonat mit einer gleich hohen Verrechnungsrate belastet. Die Weiterverteilung auf die einzelnen Kostenstellen erfolgt nach individuellen Verteilungsschlüsseln (z. B. Kopfzahl oder Höhe der Gesamtgemeinkosten).

Dieses für die Abrechnungspraxis an sich sehr einfache Verfahren hat aber den Nachteil, die in verschiedenen Monaten hergestellten Erzeugnisse mit unterschiedlich hohen Urlaubs- und Feiertagslohnanteilen zu belasten; denn die Produktionsleistung der einzelnen Monate schwankt schon infolge der unterschiedlichen Zahl von Arbeitstagen in den meisten Betrieben nicht unerheblich. Das bedeutet, daß die in produktionsschwachen Monaten hergestellten Erzeugnisse erheblich höhere Urlaubs- und Feiertagslohnanteile zu tragen haben als die einzelnen Erzeugniseinheiten produktionsstarker Monate, ein Effekt, der vom Standpunkt des Kostenträgers aus nicht vertretbar ist.

Aus diesem Grunde gehen moderne Industriebetriebe in neuerer Zeit andere Wege zur Erfassung und Verrechnung der Urlaubs- und Feiertagslohnkosten. Sie stellen ein prozentuales Verhältnis zwischen dem innerhalb einer längeren Zeitperiode (z.B. eines Geschäftsjahres) tatsächlich gezahlten Urlaubs- und Feiertagslohn und der in der gleichen Zeit angefallenen Gesamtlohnsumme her und verrechnen den so gefundenen Prozentsatz Monat für Monat in jeder einzelnen Kostenstelle.

Da die Höhe der Gesamtlohnkosten in den einzelnen Abrechnungsmonaten weitgehend von der Zahl der Arbeitstage und damit von der Produktionsleistung abhängt, wird auch der verrechnete Urlaubs- und Feiertagslohnanteil in Monaten mit weniger Arbeitstagen entsprechend niedriger sein als in Monaten mit vielen Arbeitstagen. Die „fixen" Urlaubs- und Feiertagsraten bei Anwendung des zuvor geschilderten Verrechnungsverfahrens werden durch diese Methode gewissermaßen „proportionalisiert". Selbstverständlich schwankt der in Ansatz zu bringende prozentuale Verrechnungssatz von Betrieb zu Betrieb. Es ist aber durchaus praxisnah, mit einer Urlaubslohnrate von etwa 13 % des Gesamtlohns und einer Feiertagsrate von etwa 0,6 % je Feiertag zu rechnen.

■ **Gehälter**

Die Erfassung der in einer Abrechnungsperiode anfallenden Gehälter ist Aufgabe der Gehaltsabteilung. Sie muß dafür sorgen, daß diejenigen Gehälter, die bestimmten Kostenstellen direkt zugewiesen werden können, entsprechend differenziert der Kostenrechnung aufgegeben werden, während Aufwendungen für Gehaltsempfänger, die für mehrere Kostenstellen tätig geworden sind (z. B. Betriebsleiter), von der Kostenrechnung nach möglichst verursachungsgerechten Verteilungsschlüsseln (z. B. Kopfzahl, Fertigungslohn, Gesamtlohn) den Kostenstellen zugeordnet werden müssen.

■ **Soziale Abgaben**

Die sozialen Abgaben werden normalerweise vom Personal- oder Lohnbüro erfaßt. Sie können in der monatlichen Abrechnung entweder mit den tatsächlich aufgewendeten Beträgen oder ebenfalls mit Verrechnungsraten in Ansatz gebracht werden.

Die effektive Verrechnung birgt die Gefahr außergewöhnlicher Belastungen in einzelnen Monaten (z. B. Weihnachtsgeldzahlung im November oder Dezember) und damit eine Verzerrung des Kostenbildes in sich.

Die Verrechnung eines gleichmäßigen Prozentsatzes in Abhängigkeit von der Gesamtlohn- und -gehaltssumme erweist sich oftmals als zweckmäßiger. Auch hier schwankt zwar von Betrieb zu Betrieb der jeweilige Verrechnungssatz, er dürfte aber in den meisten Fällen zwischen 20 und 25 % der Lohn- und Gehaltssumme betragen.

■ **Energiekosten (Strom)**

Energiekostenerfassung einer Maschine

Nennleistung einer Maschine 18 kW

Auslastungsfaktor: 0,6

Verfahrene Stunden eines Abrechnungsmonats: 152

Preis je kWh: 0,30 DM

Nennleistung 18 kW x Auslastungsfaktor 0,6
= mittlere Leistung 10,8 kW

152 verfahrene Stunden x 10,8 kW = 1642 kWh

1642 kWh x 0,30 DM je kWh = 492,60 DM Stromkosten
des Monats

Die differenzierte (d. h. die nach Betrieben und Betriebsstellen getrennte) Erfassung und Bewertung des Energieverbrauchs bereitet in den meisten Betrieben erhebliche Schwierigkeiten. Die einfachste Erfassungsmethode ist natürlich die mittels Stromzähler. Die meisten Betriebe verfügen aber nicht über Zähler für jede Kostenstelle. In diesem Falle muß die Verbrauchs- und Kostenerfassung schon zu Hilfsmitteln greifen, um zu einer einigermaßen genauen Kostenbelastung zu gelangen.

Ein solches Hilfsmittel ist die installierte Leistung der stromverbrauchenden Aggregate, die in den meisten Fällen bekannt sein dürfte. Da diese installierte Leistung aber in der Regel eine maximale Nennleistung ist, die im praktischen Betrieb nicht häufig ausgenutzt wird, empfiehlt es sich, diese Größe durch Anwendung eines durchschnittlichen Auslastungsfaktors auf eine mittlere Leistung zu reduzieren. Diese mittlere Leistung ergibt, mit den monatlichen Laufstunden des Aggregats multipliziert, den Stromverbrauch des Abrechnungsmonats (vgl. oben).

Es ist klar, daß die so gefundene Größe nur bedingt richtig sein kann, weil die tatsächliche Auslastung von Monat zu Monat schwankt und mehr oder weniger weit von der mittleren Leistung entfernt sein kann. Im großen und ganzen können aber so doch vertretbare Verbrauchszahlen errechnet werden.

■ Brennstoffe

Ähnlich wie bei den Energiekosten wird bei der Erfassung des Brennstoffverbrauchs vorgegangen. Auch hier ist die Verbrauchsmessung über Zähler (z. B. Ableseuhren für Gas- und Ölverbrauch) die sicherste Methode.

Sind solche Einrichtungen nicht vorhanden, bleibt nur die retrograde Ermittlung des Brennstoffverbrauchs anhand von Ablaufdiagrammen oder die Errechnung aufgrund technischer Kennzahlen der Ofenbaufirmen.

■ Werkzeugkosten

Die genaue und verursachungsgerechte Zumessung des Werkzeugverbrauchs setzt ein entsprechend aufgebautes Uraufschreibungssystem voraus. Wenn für jede Werkzeuganforderung ein Entnahmeschein ausgeschrieben wird, der außer der Werkzeugbezeichnung die Nummer der entnehmenden Kostenstelle enthält, so ist die Sortierung und die monatliche Zusammenstellung des Verbrauchs kein Problem. Allerdings bereitet die richtige Bewertung dieses Verbrauchs unter Umständen die gleichen Schwierigkeiten wie die Bewertung der Materialentnahmen.

Werkzeugentnahmeschein

Entnehmende Kostenstelle	Zu belastende Kostenstelle	Maschinen-Nr.
4712	4348	2 526 429
Bezeichnung	Menge	Warenschlüssel-Nr.
Bohrköpfe	3	156 423
Datum	Betriebsleiter/Meister	Ausgeber
13.4.	Schulze	Hoppe

■ **Instandhaltungs- und Reparaturkosten**

Auch die Reparatur- und Wartungskosten sind direkt erfaßbar, wenn die Reparaturabteilung oder die betriebseigenen Instandhalter für jede Instandhaltungs- und Reparaturarbeit einen entsprechenden Schein ausstellen, der außer der Art der Reparatur und dem Zeit- und Materialaufwand auch die Nummer derjenigen Kostenstelle enthält, für die die Reparatur durchgeführt wird.

■ **Kalkulatorische Kosten**

Ein besonderes Problem bereitet in jedem Betrieb die Erfassung der kalkulatorischen Kosten, die sich - wie dargestellt (vgl. „Kosten und Aufwand") – doch erheblich von den entsprechenden bilanziellen Aufwendungen unterscheiden. Wegen der besonderen Bedeutung und der Problematik, welche die Ermittlung dieser kalkulatorischen Kosten für die meisten Betriebe darstellt, soll im folgenden die rein rechnerische Erfassung –

wenigstens der wichtigsten kalkulatorischen Kostenarten – gezeigt werden.

Kalkulatorische Zinsen

Ausgangspunkt für die Ermittlung der kalkulatorischen Zinsen ist das sogenannte betriebsnotwendige Kapital.

Unter betriebsnotwendigem Kapital sind diejenigen finanziellen Mittel zu verstehen, die für die Erfüllung der betrieblichen Funktionen unbedingt benötigt werden. Dabei ist es gleichgültig, ob es sich um Fremd- oder um Eigenkapital handelt.

Im allgemeinen errechnet man das betriebsnotwendige Kapital aus folgenden drei Komponenten:

	für die betriebliche Tätigkeit erforderliches Anlagevermögen
plus	dem Betriebszweck dienendes Umlaufvermögen
minus	den Abzugsposten.

Das dem *Betriebszweck dienende Anlagevermögen* ist identisch mit den kalkulatorischen Restwerten der betrieblichen Anlagen und wird durch Subtraktion der bereits verrechneten kalkulatorischen Abschreibungen von den Wiederbeschaffungswerten der Anlagen ermittelt. Dabei dürfen aber nur die für den Betriebszweck benötigten Anlagegüter in die Rechnung einbezogen werden. Stillgelegte oder betriebsfremde Anlagen (z. B. nicht vom Betrieb genutzte Grundstücke) müssen bei der Ermittlung des betriebsnotwendigen Anlagekapitals weggelassen werden. Dagegen sind Reserveanlagen, die zur Aufrechterhaltung der Betriebsbereitschaft benötigt werden, Bestandteile der betriebsnotwendigen Anlagen, auch wenn sie längere Zeit hindurch nicht genutzt werden.

Das dem *Betriebszweck dienende Umlaufvermögen* innerhalb des betriebsnotwendigen Kapitals entspricht demjenigen Ver-

26

mögenswert, der normalerweise während des Geschäftsjahres im Betrieb gebunden ist. Die in vielen Betrieben übliche Methode, den Umlaufvermögenswert eines bestimmten Stichtags (in der Regel des Bilanzstichtags) als betriebsnotwendiges Umlaufvermögen anzusehen, entspricht nicht dem Wesen des betriebsnotwendigen Kapitals als einer langfristig gültigen Größe. Der Umlaufvermögenswert kann an dem ausgewählten Stichtag besonders hoch oder besonders niedrig liegen und ist dann kein repräsentativer Wert für das normalerweise vorhandene Umlaufvermögen.

Aus diesem Grund wird das „für den Betriebszweck benötigte Umlaufvermögen" am besten als arithmetisches Mittel der vorhandenen Umlaufvermögenswerte an möglichst vielen verschiedenen Zeitpunkten des vergangenen Geschäftsjahrs ermittelt. Schon das häufig anzutreffende Verfahren, die Umlaufvermögenswerte zu Beginn und Ende des Geschäftsjahres zu addieren und den gefundenen Wert zu halbieren, ist besser als die Bestimmung der Vermögenswerte nur zu einem Stichtag. Auch das auf diese Weise ermittelte Umlaufvermögen ist um die Posten zu kürzen, die nicht dem eigentlichen Betriebszweck dienen (z. B. überhöhte Bestände an flüssigen Mitteln).

Zu den *Abzugsposten* zählen zinslos der Unternehmung zur Verfügung stehende Fremdmittel (z. B. zinslose Kundenanzahlungen, zinslose Darlehen oder Verbindlichkeiten aufgrund von Warenlieferungen und Leistungen). Diese Posten gehören deshalb nicht zum betriebsnotwendigen Kapital, weil für sie entweder keine Zinsen aufgebracht zu werden brauchen oder aber eine Verzinsung ungerechtfertigt wäre.

Das aus diesen drei Gründen errechnete betriebsnotwendige Kapital wird rein kalkulatorisch mit einem Satz verzinst, dessen Höhe im allgemeinen frei gewählt werden kann. Die Praxis orientiert sich bei der Auswahl des kalkulatorischen Zinssatzes in der Regel am offiziellen Banksatz, ohne aber nun alle Schwankungen dieses Satzes mitzumachen.

Kalkulatorische Abschreibungen

Die für die Errechnung der kalkulatorischen Abschreibungen maßgeblichen Bestimmungsfaktoren sind die

- Wiederbeschaffungswerte und die

- voraussichtlichen Nutzungsdauern der betrieblichen Anlagen.

Der richtige Ansatz des *Wiederbeschaffungswerts* ist natürlich nicht ganz einfach, denn die Preisgestaltung der Zukunft kann wohl in gewissem Rahmen vorgeschätzt, niemals aber exakt bestimmt werden.

Aus diesem Grunde treten an die Stelle der zukünftigen Wiederbeschaffungswerte die *Tagespreise*, also die im Zeitpunkt der Abschreibungsermittlung für die einzelnen Anlagegüter gültigen Preise. Aber selbst diese Tagespreise sind oftmals nur schwer zu bestimmen. Für manche Anlagen lassen sich diese Werte zwar vom Hersteller erfragen, für viele aber nicht. In diesen Fällen werden zweckmäßigerweise die Anschaffungs- oder Herstellungskosten als Ausgangspunkt für die Errechnung der Tagespreise hinzugezogen. Sie werden entsprechend der Preisentwicklung mit Hilfe von Indexen auf den wahrscheinlichen Tageswert umgerechnet.

Wiederbeschaffungswert einer Drehbank

Anschaffungswert für eine Drehbank im Jahre 1988	50 000 DM
Index 1988 für spanabhebende Bearbeitungsmaschinen	100 DM
Index 1995 für spanabhebende Bearbeitungsmaschinen	130 DM
Wiederbeschaffungswert (Tagespreis) der Drehbank 1995	65 000 DM

Diese Indexe können aus Tabellen abgelesen werden, die von den meisten Fach- und Wirtschaftsvereinigungen für ihre Mitgliedswerke herausgegeben werden und in denen die jährlichen Indexwerte für die einzelnen Anlagegüter – eventuell zusammengefaßt nach Anlagegruppen – aufgeführt sind.

Die zweite für die Bestimmung des kalkulatorischen Abschreibungssatzes notwendige Größe ist die zu *erwartende Nutzungsdauer* der betrieblichen Anlagen. Auch die Abschätzung dieser voraussichtlichen Nutzungsdauer (die in der Regel kürzer ist als die tatsächliche Lebensdauer, weil der technische Fortschritt oftmals den Abbau oder die Stillsetzung auch von an sich noch verwendungsfähigen Anlagen erfordert) ist nicht ganz einfach. Sie erfolgt in erster Linie aufgrund des Erfahrungsguts der betrieblichen Stellen. Es ist selbstverständlich, daß die so ermittelte kalkulatorische Nutzungsdauer korrigierbar ist. Das gilt besonders für den Fall, daß eine betriebliche Anlage nach dem Ablauf der angesetzten Nutzungsdauer noch weiter verwendet werden kann. Aber auch wenn sich schon während der Nutzungszeit herausstellt, daß der ursprüngliche Ansatz falsch war, ist eine Korrektur nicht nur möglich, sondern betriebswirtschaftlich notwendig.

Der jährlich in die Kostenrechnung einzustellende Abschreibungsbetrag ergibt sich nun aus der Division der Wiederbeschaffungswerte (ersatzweise der Tagespreise) durch die ermittelten kalkulatorischen Nutzungsdauern. Daraus wird deutlich, daß kalkulatorische Abschreibungen grundsätzlich nur linear verrechnet werden. Sie werden den Kostenstellen für alle Anlagegüter zugerechnet, die zur Kostenstelle gehören und betriebsnotwendig und damit Bestandteil des „dem Betriebszweck dienenden Anlagevermögens" in der oben angegebenen Definition sind.

Kalkulatorische Wagnisse

Bei der Bestimmung der in die Kostenrechnung einzubeziehenden kalkulatorischen Wagnisse geht man weitgehend von den entsprechenden effektiven Wagnisaufwendungen der Vergangenheit aus. Allerdings dürfen diese nicht unbesehen als Grundlage für die kalkulatorischen Wagniskosten der Zukunft herangezogen werden. Vielmehr müssen bereits absehbare zukünftige Veränderungen in der Risikostruktur der Unternehmung berücksichtigt werden, eine Forderung, gegen die recht häufig verstoßen wird.

Sofern die Risiken durch eine Fremdversicherung ausgeschlossen werden könnten, dennoch aber der Weg der Eigenversicherung gewählt wird, bildet die Höhe der im Fremdversicherungsfall aufzuwendenden Prämie einen guten Anhaltspunkt für die Errechnung des kalkulatorischen Wagniszuschlags.

Kalkulatorischer Unternehmerlohn

Die Ermittlung eines kalkulatorischen Unternehmerlohns in Einzelfirmen und Personengesellschaften bereitet zumeist keine großen Schwierigkeiten. Ausgangspunkt für seine Bestimmung ist in der Regel das Entgelt, das ein Angestellter bezieht, der im eigenen Hause oder in einer vergleichbaren Unternehmung ähnliche Funktionen wie der tätige Inhaber wahrnimmt. In Einzelfällen wird auch heute noch der kalkulatorische Unternehmerlohn in Anlehnung an den Jahresumsatz festgelegt. Dabei wird von der alten LSÖ-Vorschrift[1] ausgegangen, die den Unternehmerlohn nach der Formel

$$\text{Unternehmerlohn} = 18 \sqrt{\text{Jahresumsatz}}$$

errechnet. Wenn beispielsweise der Jahresumsatz 1 000 000 DM beträgt, wären 18 x 1000 DM = 18 000 DM als kalkulatorischer Unternehmerlohn in die Kostenrechnung einzustellen. Dieses Verfahren ist zumindest umständlicher als das vorher erwähnte. Ob es aber auch richtiger ist, darf bezweifelt werden, weil es von den Zufälligkeiten des jeweiligen Jahresumsatzes abhängig ist.

---

1 Leitsätze für die Preisermittlung aufgrund der Selbstkosten bei Leistungen für öffentliche Auftraggeber

2.1.4 Die Bewertung der Kostengüter

Die Frage nach der Bewertung des Verbrauchs an Gütern und Diensten, d.h. nach dem „richtigen" Preisansatz für die Kostengüter, ist keineswegs einheitlich und eindeutig zu beantworten. Die Lösung des Problems hängt von der Zielsetzung des betrieblichen Rechnungswesens ab. Es besteht die Wahl zwischen verschiedenen Wertansätzen.

■ **Wertansätze**

– Anschaffungspreis der Vergangenheit (= Einstandspreis)

– Anschaffungspreis der Gegenwart (= Tagespreis)

– Anschaffungspreis der Zukunft (= Wiederbeschaffungspreis)

– Durchschnittspreis

– fester Verrechnungspreis

– Herstellkosten

– Wertansatz gemäß Nutzenerwägungen (Betriebswert)

Jede dieser Möglichkeiten ist auf eine bestimmte Aufgabe der Kostenrechnung zugeschnitten, so daß entschieden werden muß, welcher Wertansatz (welcher Preis) welchem Zweck zuzuordnen ist.

■ **Zielsetzung der Kostenrechnung und Zuordnung der Wertansätze**

– Betriebskontrolle ——▶ fester Verrechnungspreis

– Angebotskalkulation ——▶ Tages-, Wiederbeschaffungspreis

– Erfolgsrechnung ——▶ Einstands-, Tages-, Durchschnittspreis, Herstellkosten

– Unternehmerische Entscheidungen ——▶ Betriebswert

2.2 Die Kostenstellenrechnung

2.2.1 Die Aufgaben der Kostenstellenrechnung

In der Kostenstellenrechnung wird der gesamte Unternehmensbereich rein abrechnungstechnisch in Teilbereiche untergliedert, die ihrerseits wieder nach Kostenstellen aufgeteilt werden.

Die Zahl der einzurichtenden Kostenstellen schwankt – wie die
der Kostenarten – von Unternehmung zu Unternehmung und
hängt weitgehend von der Größe und den individuellen Bedürf-
nissen des einzelnen Unternehmens ab.

In den auf diese Weise gebildeten Kostenstellen werden die
Gemeinkosten gesammelt und aufbereitet, also diejenigen Kosten, die – wie vorher dargestellt – zwar im Zusammenhang mit
der Fertigung und dem Absatz der betrieblichen Produkte anfallen und ihnen deshalb auch angelastet werden müssen, die
ihnen aber im Gegensatz zu den Einzelkosten nicht direkt
zugerechnet werden können.

Diese differenzierte Kostenerfassung und -aufarbeitung ist zunächst einmal für die Zwecke der Betriebskontrolle von ent-
scheidender Bedeutung.

Es reicht – vor allem in größeren Unternehmungen – nicht aus,
mit den Mitteln einer der Vergleichsrechnungen festzustellen,
daß sich die Kosten einer Abrechnungsperiode gegenüber den
jeweiligen Maßstabswerten geändert haben. Es reicht auch
noch nicht aus, mit Hilfe der Kostenartenrechnung festzustellen, welcher Teil der Kosten für die Veränderung des Gesamt-
kostenbildes verantwortlich ist: Man muß darüber hinaus feststellen können, in welchen Betriebsteilen die Kostenveränderung
wirksam geworden ist.

So ist es beispielsweise in einem gemischten Hüttenwerk keinesfalls gleichgültig, ob der gegenüber dem Vergleichswert überhöhte Stromverbrauch eines Monats im Hochofenbetrieb, im Stahlwerksbereich, im Walzwerk, in der Schmiede oder in einem anderen Betriebsbereich entstanden ist. Diese Aussage ist nur mit Hilfe einer differenzierten Kostenstellenrechnung möglich.

Darüber hinaus ist eine entsprechende Gliederung vor allem aber für die Zwecke der Angebotskalkulation und Preisbildung und für die der nachträglichen Erfolgsermittlung erforderlich, wenn verschiedenartige Erzeugnisse hergestellt werden, welche die einzelnen Betriebsteile mit ihrer unterschiedlichen Kostenstruktur unterschiedlich stark in Anspruch nehmen. Das sei an einem Zahlenbeispiel dargestellt.

Beispiel einer Kostenstellenrechnung

Ein Betrieb stellt zwei Produkte (I und II) her; jedes beansprucht die betriebliche Kapazität in einem Abrechnungsmonat mit 100 Std. Insgesamt sind in diesen 200 Std. 11 000 DM an Kosten angefallen. Sofern keine Aufgliederung des Betriebes nach Kostenstellen erfolgt, beträgt der Verrechnungssatz also 55 DM/Std. (11 000 DM:200 Std.) Die beiden Produkte kosten in diesem Falle also

I: 100 Std. x 55 DM/Std. = 5 500 DM
II: 100 Std. x 55 DM/Std. = 5 500 DM

Diesem Betrieb steht ein zweiter gegenüber, dessen Ausgangsdaten die gleichen sind, der aber – entsprechend der unterschiedlichen Kostenstruktur und der unterschiedlichen Inanspruchnahme der einzelnen Betriebsteile durch die Produkte I und II – den gesamten Betriebsbereich rein abrechnungstechnisch in die beiden Teilbereiche A und B aufgliedert.

Wir nehmen an, daß sich die 200 Std. mit je 100 Std. auf die Kostenstellen A und B, die 11 000 DM aber mit 10 000 DM auf die Kostenstelle A und mit 1 000 DM auf die Kostenstelle B verteilen. Der Stundensatz der Stelle A beträgt also 100 DM, der der Stelle B 10 DM. Die Kostenstruktur der beiden Stellen weist also erhebliche Unterschiede auf.

Das Erzeugnis I hat die Stelle A mit 90 Std. und die Stelle B mit 10 Std., das Erzeugnis II die Stelle A mit 10 Std. und die Stelle B mit 90 Std. beansprucht. In diesem Falle ergibt sich für die Kostenbelastung der beiden Erzeugnisse folgendes Bild:

I = 100 Std.
A: 90 Std. x 100 DM/Std. = 9 000 DM
B: 10 Std. x   10 DM/Std. =   100 DM   9 100 DM

II = 100 Std.
A: 10 Std. x 100 DM/Std. = 1 000 DM
B: 90 Std. x   10 DM/Std. =   900 DM   1 900 DM

Wenn diese beiden Betriebe als Konkurrenten am Markt aufeinandertreffen, würde der Betrieb ohne differenzierte Kostenstellenrechnung wahrscheinlich die gesamte Nachfrage nach dem Produkt I auf sich vereinigen, dieses aber zu nicht kostendeckenden Preisen anbieten, während die Nachfrage nach Produkt II sich auf den Konkurrenten verlagern würde, der dieses Erzeugnis mit Gewinn verkaufen könnte. Es ist nur eine Frage der Substanz, wie lange der erste Betrieb den Konkurrenzkampf durchhalten könnte.

2.2.2 Die Kostenstellengliederung

Die Tiefe der Kostenstellengliederung, d. h. die Zahl und die Art der einzurichtenden Kostenstellen, hängt – wie schon erwähnt – von Größe und Struktur der einzelnen Unternehmung und natürlich auch von den Erfordernissen der jeweiligen Branche ab.

Sie ist in Großunternehmen ausgeprägter als in kleinen Betrieben und in der Industrie eine andere als im Handel, in der

Bank- oder Versicherungswirtschaft. Da die Grundprinzipien der Kostenstellenrechnung aber in allen Unternehmungen und Branchen die gleichen sind, soll auch ihr Aufbau in diesem Zusammenhang stellvertretend für andere am Beispiel des Industriebetriebes dargestellt werden.

So reicht in kleineren Unternehmungen der Industrie oftmals die abrechnungstechnische Aufgliederung des gesamten Kostenfeldes in die drei Teilbereiche

■ Betrieb

■ Vertrieb

■ Verwaltung

völlig aus. Jeder dieser drei Bereiche kann in beliebig viele Kostenstellen untergliedert werden, wobei lediglich darauf zu achten ist, daß die einzurichtenden Kostenstellen den charakteristischen Merkmalen dieser Bereiche entsprechen.

In mittleren und größeren Unternehmungen hingegen sollte die vom Rationalisierungs-Kuratorium der deutschen Wirtschaft e.V. (RKW), Eschborn, vorgeschlagene Mindestgliederung in folgende fünf bzw. sechs Teilbereiche verbindlich sein:

■ Allgemeiner Bereich

■ Materialbereich

■ Fertigungsbereich

　– Bereich der Fertigungs- und Hauptkostenstellen

　– Bereich der Hilfs- und Nebenkostenstellen

■ Verwaltungsbereich

■ Vertriebsbereich

Auch hier ist eine weitere Untergliederung nach Kostenstellen möglich und zumeist auch notwendig, wobei ebenfalls die jeweiligen Kostenstellen den entsprechenden Bereichen richtig zugeordnet werden müssen. Das ist aber deshalb nicht sehr schwierig, weil jedem Bereich eindeutig definierte und klar voneinander abgegrenzte Funktionen zugewiesen werden.

So werden im *Allgemeinen Bereich* diejenigen Kostenstellen geführt, die zwar für Produktion und Absatz der betrieblichen Erzeugnisse benötigt werden, die aber ihre Leistungen nicht direkt an diese Erzeugnisse, sondern an die Kostenstellen aller übrigen Bereiche abgeben. Zu ihnen zählen beispielsweise die Stromversorgung, die selbstproduzierte oder umgewandelte Energie an alle übrigen Stellen als Arbeits- oder Lichtstrom abgibt, der Fuhrpark, dessen Fahrzeuge von allen Stellen des Hauses in Anspruch genommen werden, und der werksärztliche Dienst, der ebenfalls für alle Bereiche der Unternehmung tätig wird. Weitere typische Stellen des Allgemeinen Bereiches sind die Wasserversorgung, die Raumkostenstellen, die Lehr-werkstatt, die Werkskantine, die Verkehrsbetriebe und andere Unternehmensbereiche.

Zum *Materialbereich* zählen alle Kostenstellen, die sich mit der Beschaffung, Lagerung und Ausgabe desjenigen Materials be-schäftigen, das direkt oder indirekt für die Fertigung der betrieblichen Produkte benötigt wird (Fertigungs- und Hilfs-material). Das sind z. B. der Einkauf, die Wareneingangs-kontrolle, das Magazin, die Lagerverwaltung und die Material-ausgabe.

Im *Fertigungsbereich* werden diejenigen Kostenstellen geführt, deren Aufgabe die Herstellung der betrieblichen Produkte ist. Dabei sind die Fertigungs- oder Hauptkostenstellen direkt mit dieser Aufgabe betraut (z. B. Dreherei, Bohrerei, Fräserei, Zusammenbau), während die Hilfs- und Nebenkostenstellen zwar für die betriebliche Leistungserstellung erforderlich sind, primär ihre Leistungen aber nicht an die Erzeugnisse selbst, sondern an die Fertigungs- oder Hauptkostenstellen abgeben (z. B. Hallentransport, Fertigungskontrolle, Werkzeugmacherei, Reparaturbetriebe).

Die Hilfsstellen haben also von ihren Funktionen her sehr viel Ähnlichkeit mit den Kostenstellen des Allgemeinen Bereiches, unterscheiden sich von diesen aber dadurch, daß sie eben ihre Leistungen nur an die Fertigungsstellen abgeben und nicht auch an die Stellen der übrigen Bereiche.

Dem *Verwaltungsbereich* gehören die Geschäftsleitung, die Buchhaltung, das Betriebliche Rechnungswesen, die Organisation, die Revision, die Statistik u. a. an, während der *Vertriebsbereich* z. B. den Verkauf, die Werbeabteilung, den Versand und die Kundendienstabteilung enthält.

In all diesen Bereichen und den ihnen zugeordneten Kostenstellen werden die im Verlauf einer Abrechnungsperiode angefallenen Gemeinkosten gesammelt und für die Weiterverrechnung auf die Kostenträger vorbereitet.

2.2.3 Die Formen der Kostenstellenrechnung

Eine Kostenstellenrechnung, die nach den bisher dargestellten Prinzipien gegliedert ist, kann in der Praxis des betrieblichen Rechnungswesens in zweierlei Weise organisiert werden.

■ Die buchhalterische Kostenstellenrechnung

In Kleinbetrieben und kleineren Mittelbetrieben ist die Kostenstellenrechnung sehr häufig in Form der buchhalterischen Kostenstellenrechnung ausgebildet. In dieser Form wird sie innerhalb der Kontenklasse 5 des Kontenrahmens (GKR) (und damit innerhalb der Geschäftsbuchhaltung – daher buchhalterische Kostenstellenrechnung) durchgeführt. Dabei wird für jede einzelne Kostenstelle ein Konto eingerichtet, auf dessen linker Seite die innerhalb eines Monats tatsächlich angefallenen Kosten – getrennt nach Kostenarten – aus der Kostenartenrechnung übernommen werden. Diese Kosten (und zwar nur die Gemeinkosten) werden gesammelt und mit Hilfe bestimmter Schlüsselgrößen (vgl. „Die statistische Kostenstellenrechnung") auf die Kostenträger verteilt. Das Kostenstellenkonto wird auf der rechten Seite mit dem Gesamtkostenwert des jeweiligen Monats entlastet.

Kostenstelle Dreherei

Kostenstelle 536	Dreherei	Monat Dezember
Hilfslöhne	3 000,-	(Zu Lasten Kostenträger mit Hilfe von Schlüsselgrößen)
Urlaubs- und		
Feiertagslöhne	5 000,-	63 000,-
Gehälter	3 000,-	
Soziale Abgaben	6 000,-	
Energiekosten	8 000,-	
	63 000,-	63 000,-

Diese durchaus logische und der Systematik des Kontenrahmens folgende buchhalterische Kostenstellenrechnung ist in dieser Form jedoch nur praktikabel, wenn die Zahl der Kostenstellen nicht zu groß ist. Ansonsten geht die Übersichtlichkeit verloren.

■ Die statistische Kostenstellenrechnng

Das ist auch der Grund dafür, daß in größeren Unternehmungen die Kostenstellenrechnung eigentlich immer als statistische Kostenstellenrechnung, d. h. als Rechnung außerhalb der Buchhaltung und mit Hilfe des *Betriebsabrechnungsbogens (BAB)*, durchgeführt wird. Dieser BAB verknüpft Kostenarten- und Kostenstellenrechnung in einer Weise, welche die Übersichtlichkeit der Betriebsabrechnung gegenüber der buchhalterischen Form beträchtlich erhöht. Zu diesem Zweck werden in der linken Vertikalen des Bogens die innerhalb der Abrechnungsperiode angefallenen Gemeinkosten getrennt nach Kostenarten erfaßt. In der Horizontalen werden die nach Kostenbereichen aufgegliederten Kostenstellen dargestellt und die Gemeinkosten entsprechend ihrem Anfall auf diese Kostenstellen verteilt. Dabei ist diese Verteilung um so genauer, je besser das Problem der Uraufschreibung gelöst ist (vgl. „Die Erfassung der Kosten").

Darüber hinaus enthält der BAB eine Reihe von Angaben, die für die weitere Behandlung der Kosten benötigt werden.

Der auf Seite 43 gezeigte BAB entspricht in seiner Gliederung den Vorstellungen des RKW. (Im Allgemeinen Bereich wird hier stellvertretend nur die Kostenstelle Energieversorgung gezeigt, während im Haupt- und Hilfsstellenbereich jeweils zwei getrennte Kostenstellen geführt werden.) In den Zeilen 1–4 wird eine Reihe von Kennziffern aufgeführt, wobei der Fertigungslohnverbrauch kostenstellenweise (logischerweise nur in den Hauptkostenstellen) ausgewiesen wird, der Fertigungsmaterialverbrauch aber nur als eine Summe innerhalb des Materialbereiches. In den Zeilen 5–15 werden die Gemeinkostenarten gezeigt, und zwar zunächst mit ihren Gesamtzahlen, so wie sie auf den Globalkonten der Geschäftsbuchhaltung erscheinen (Spalte 2). In den Spalten 3–10 werden sie durch die Betriebsbuchhaltung auf die Kostenstellen verteilt.

Für die Zwecke der Betriebskontrolle würde der Aufbau des BAB bis hierhin völlig ausreichen. Auf dem Wege der Vergleichsrechnung könnten die aufgeführten monatlichen Verbräuche insgesamt oder kostenstellenweise mit den entsprechenden Maßstabswerten verglichen und aus dem Ergebnis dieses Vergleiches Rückschlüsse auf die Wirtschaftlichkeit oder Unwirtschaftlichkeit der betrieblichen Tätigkeit im jeweiligen Monat gezogen werden.

Für die Zwecke der Kalkulation aber müssen diese Kosten noch weiter aufbereitet werden. So müssen zunächst die Kosten der

Stellen des Allgemeinen Bereiches auf alle übrigen Stellen verteilt werden, weil sie ja auch ihre Leistungen an diese Stellen – und nicht etwa an die Kostenträger direkt – abgeben. Diese Verteilung (sie wird in der Sprache der Kostenrechnung „Umlage I" genannt) erfolgt mit Hilfe von Schlüsselgrößen.

Dabei ist darauf zu achten, daß im Interesse einer möglichst verursachungsgerechten Belastung der in Anspruch nehmenden Kostenstellen solche Schlüsselgrößen verwendet werden, die in einem engen Zusammenhang mit dem Kostenanfall der jeweiligen allgemeinen Kostenstelle stehen.

Diese Forderung nach einer „proportionalen Relation" (d. h. einem gleichmäßigen Zusammenhang) zwischen Kosten und Schlüsselgrößen macht es auch unmöglich, mit nur einer Größe für den gesamten Allgemeinen Bereich auszukommen. Für jede Kostenstelle dieses Bereiches ist vielmehr die richtige Verteilungsbasis zu suchen.

Entsprechend dieser Erkenntnis werden in der Regel die Kosten der allgemeinen Stelle Energieversorgung nach dem Schlüssel „Verbrauch in kWh" auf die übrigen Stellen verteilt, denn es ist richtig, die Stellen mit dem höchsten Stromverbrauch auch am stärksten an den Kosten der allgemeinen Kostenstelle Energieverbrauch zu beteiligen und umgekehrt.

Die Kosten der Lehrwerkstatt werden nach diesem Prinzip dagegen besser nach der Zahl der Auszubildenden, die in den übrigen Kostenstellen tätig sind, verteilt, die Kosten der Werkskantine oder des Werksarztes nach der Kopfzahl, die Kosten des Fuhrparks nach der Zahl der für die einzelnen Kostenstellen gefahrenen Kilometer und die Kosten der anderen Kostenstellen des Allgemeinen Bereiches nach entsprechenden Verteilungsgrößen.

Im vorliegenden BAB werden die Kosten der Energieversorgung nach dem in Zeile 3 dargestellten Stromverbrauch auf die übrigen Kostenstellen verteilt.

In der Umlage II müssen nun noch innerhalb des Fertigungsbereiches die Kosten der Hilfsstellen auf die Hauptstellen verrechnet werden, weil sie ja auch ihre Leistung an diese abgeben. Auch hier gilt das „Gesetz der Proportionalität", das für jede Hilfskostenstelle eine individuelle Schlüsselgröße erfordert.

Im Beispiel-BAB werden die Kosten der Hilfsstelle Fertigungskontrolle entsprechend dem Fertigungslohnverbrauch und die Kosten des Waschraumes nach der Kopfzahl der Hauptkostenstellen verteilt.

Nach diesen – sozusagen internen – Umlagen innerhalb des BAB befinden sich Gemeinkosten nur noch im Materialbereich (Spalte 4), den Hauptstellen des Fertigungsbereiches (Spalten 5 und 6), im Verwaltungsbereich (Spalte 9) und im Vertriebsbereich (Spalte 10), also in den Bereichen, die mehr oder weniger direkt mit der Fertigung und dem Absatz der betrieblichen Erzeugnisse zu tun haben. Die Kosten dieser Bereiche (und zwar sowohl die unmittelbar hier angefallenen Kosten, die in der Sprache der Kostenrechnung „Primärkosten" genannt werden und im vorliegenden Beispiel den Werten bis Zeile 15 entsprechen, als auch die Umlagekosten – „Sekundärkosten" genannt –) werden nun auf die Kostenträger verteilt, wozu ebenfalls individuelle Schlüsselgrößen benutzt werden müssen, weil eine direkte Zurechnung – wie oben dargelegt – nicht möglich ist. Auch für diese Schlüsselgrößen, die „Zuschlagsbasen" oder „Zuschlagsgrundlagen" genannt werden, gilt das Gesetz der Proportionalität.

So werden die „primären" und „sekundären" Gemeinkosten des Materialbereiches häufig nach der Zuschlagsbasis Fertigungsmaterialverbrauch auf die Kostenträger verteilt, weil anzunehmen ist, daß die Kostenträger mit dem höchsten Materialverbrauch auch die Materialkostenstellen am stärksten beansprucht haben und also auch den größten Teil der Kosten dieser Stelle übernehmen müssen.

Demgegenüber werden die Gemeinkosten des Fertigungsbereiches zweckmäßigerweise nach dem Fertigungslohnschlüssel verteilt, weil der Zusammenhang zwischen diesen beiden Größen in aller Regel sehr eng ist.

Die Gemeinkosten des Verwaltungs- und die des Vertriebs-bereiches wiederum werden zumeist mit Hilfe der Zuschlags-grundlage Herstellkosten den Kostenträgern zugerechnet. Die Herstellkosten setzen sich aus den Einzelkosten und den bis dahin angefallenen Gemeinkosten zusammen.

Es können auch andere Schlüsselgrößen (Fertigungsstunden, Maschinenstunden, Mengengrößen u. a.) verwendet werden. Jede Unternehmung muß untersuchen und entscheiden, welche Basen der Forderung nach Proportionalität am ehesten ent-sprechen.

Nach einer so differenzierten Aufbereitung des gesamten Kostenanfalles mit Hilfe der Kostenarten- und Kostenstellen-rechnung stehen nunmehr die für die Kalkulation und Erfolgs-ermittlung benötigten Daten zur Verfügung.

Betriebsabrechnungsbogen Monat Februar

Zeile	Schlüsselgrößen und Gemeinkosten	Zahlen der Buchhaltung	I. Allgem. Bereich (Energieversorgung)	II. Material-bereich	III. Fertigungsbereich Hauptkostenstellen A	B	Hilfskostenstellen Fertigungs-kontrolle	Wasch-raum	IV. Verwaltungs-bereich	V. Vertriebsbe-reich
1		1	2	3	4	5	6	7	8	9	10
1	Fertigungslohn	120 000 DM	–	–	80 000	40 000	–	–	–	–
2	Kopfzahl der Hauptstellen	170 Pers.	–	–	100	70	–	–	–	–
3	Stromverbrauch	100 000 kWh	–	5 000	40 000	30 000	5 000	10 000	6 000	4 000
4	Fertigungsmaterial	250 500 DM	–	270 500	–	–	–	–	–	–
5	Hilfslohn	80 000	–	5 000	20 000	40 000	10 000	5 000	–	–
6	Urlaubs- und Feiertagslohn	20 000	–	500	10 000	8 000	1 000	500	–	–
7	Gehälter	80 000	6 000	14 000	5 000	4 000	600	400	20 000	30 000
8	Gesetzliche Sozialabgaben	40 000	1 000	3 000	15 000	13 000	1 500	1 000	2 500	3 000
9	Brennstoffe	3 000	–	–	–	–	–	3 000	–	–
10	Energie	10 000	–	500	4 000	3 000	500	1 000	600	400
11	Werkzeuge	7 000	–	–	3 000	3 000	1 000	–	–	–
12	Instandhaltung und Reparatur	4 000	3 000	200	500	–	300	–	–	200
13	Kalk. Abschreibungen	8 000	700	300	3 000	2 000	800	600	400	200
14	Kalk. Zinsen	12 000	300	3 000	4 000	3 000	300	500	500	400
15	Gemeinkosten gesamt	264 000	11 000	26 500	64 500	76 000	16 000	12 000	24 000	34 000
16	Umlage I: Allg. Bereich		11 000	550	4 400	3 300	550	1 100	660	440
17	Umlage II: Hilfskostenstellen									
	1. Fertig.-Kontrolle nach Fertig.-Lohn				11 033	5 517				
	2. Waschraum nach Kopfzahl				7 706	5 394				
18	Gemeinkosten nach Umlagen	264 000	–	27 050	87 639	90 211	–	–	24 660	34 440
19	Zuschlagsbasen auf Kostenträger:									
	a) Spalte 4: Fertigungsmaterial			270 500						
	b) Spalten 5 + 6: Fertigungskosten				80 000	40 000				
	c) Spalten 9 + 10: Herstellkosten								595 400	595 400
20	Zuschlagssätze in % der Zuschlagsbasen			10	109,5	225,5			4,1	5,8

Abb. 1: Betriebsabrechnungsbogen

2.3 Die Kostenträgerrechnung

2.3.1 Die Aufgaben der Kostenträgerrechnung

Die Kostenträgerrechnung soll die im Zusammenhang mit der Fertigung und dem Absatz der betrieblichen Erzeugnisse anfallenden bzw. angefallenen Kosten je Leistungseinheit (Kostenträger) ermitteln.

Leistungseinheiten können sowohl reine Mengengrößen (t, m, l, Stückzahl) als auch Serien, Sorten, Aufträge oder einzelne Kommissionen sein.

Die Kostenträgerrechnung kann entweder als Vor-, Nach- oder Zwischenkalkulation ausgebildet werden.

Als *Vorkalkulation* dient sie in erster Linie den Zwecken der Angebotsrechnung und Preisbildung und hat die Aufgabe, die mutmaßlich in der Zukunft anfallenden Kosten festzulegen.

Unter *Nachkalkulation* versteht man die nachträgliche Ermittlung von in der Vergangenheit bereits angefallenen Kosten, die den erzielten Umsatzerlösen gegenübergestellt werden. Die Nachkalkulation dient damit der Erfolgsrechnung.

Zwischenkalkulationen findet man insbesondere in Unternehmungen, die Produkte mit langer Fertigungsdauer herstellen (z. B. Stahlbau, Schiffsbau, Hochbau, Brückenbau).

Sie sind strenggenommen nur eine Unterform der Nachkalkulation; denn auch hier werden in der Vergangenheit bereits angefallene Kosten ermittelt, die allerdings erst einen Teil der Gesamtkosten des Trägers ausmachen. Sie werden in bestimmten Zeitabständen zusammengestellt, um zu sehen, ob der Rahmen der Vorkalkulation noch nicht überschritten worden ist. Auch zum Ende des Geschäftsjahres müssen aus bilanziellen Gründen die bis dahin angefallenen Kosten solcher noch in Fertigung befindlichen Erzeugnisse bekannt sein.

Jede dieser drei Kalkulationsarten kann jedoch auf unterschiedliche Weise aufgebaut werden; denn die Kostenrechnung unterscheidet zwischen

■ Divisionskalkulation

■ Zuschlagskalkulation und

■ Kalkulation von Kuppelprodukten,

die alle noch über eine Reihe von Unterformen verfügen. Die Auswahl der richtigen Kalkulationsform hängt von der Art der Fertigung und von den hergestellten Produkten ab.

2.3.2 Die Kalkulationsformen

■ **Die Divisionskalkulation**

Die älteste und sicherlich auch einfachste Kalkulationsmethode ist die Divisionskalkulation. Sie ermittelt die Kosten je Leistungseinheit nach einer ganz einfachen Formel:

$$\frac{\text{Gesamtkosten der Periode}}{\text{Zahl der hergestellten Erzeugniseinheiten}} = \frac{\text{Kosten je}}{\text{Leistungseinheit}}$$

$$\text{z. B. } \frac{100\ 000\ \text{DM}}{1000\ \text{Einheiten}} = 100\ \text{DM je Einheit}$$

Auf diesem Grundprinzip aufbauend, sind verschiedene Unterformen entwickelt worden, um individuellen Kalkulationsbedürfnissen Rechnung tragen zu können.

45

Die primitivste Form der Divisionsrechnung ist dabei die *einstufige Divisionskalkulation*, die dieses Grundprinzip sowohl im Fertigungs- als auch im Verwaltungs- und Vertriebsbereich in absolut reiner Form realisiert und auf eine differenzierte Kostenarten- wie auch Kostenstellenrechnung völlig verzichten kann. Dementsprechend ist allerdings auch der Erkenntnis- wert; denn hierbei wird jede Leistungseinheit mit dem gleichen Kostenwert belegt (im oben gegebenen Beispiel 100 DM). Es ist naheliegend, daß eine solche Rechnung nur richtig sein kann, wenn alle Kostenträger alle betrieblichen Stellen absolut gleichmäßig in Anspruch genommen haben.

Diese Voraussetzung ist aber – wenn überhaupt – nur in Betrie- ben mit einheitlicher Massenfertigung gegeben, in Betrieben also, in denen nur ein einziges Produkt, dieses aber in großen Mengen, hergestellt wird (Beispiel: Elektrizitätswerk, das nur Strom produziert; hier kann angenommen werden, daß jede Kilowattstunde Strom die betrieblichen Anlagen gleichmäßig beansprucht hat).

Aber selbst in Betrieben mit einheitlicher Massenfertigung führt diese einstufige Form der Divisionskalkulation zu Schwierig- keiten, wenn Fertigungs- und Absatzleistung einer Abrechnungs- periode nicht identisch sind und beispielsweise in einem Monat mehr produziert als verkauft und die Restproduktion auf Lager genommen wird, während in einem anderen Monat über die Produktionsmenge hinaus abgesetzt und dieser überschießende Teil vom Lager entnommen wird.

In diesem Falle wäre es falsch, sowohl die Fertigungskosten als auch die Verwaltungs- und Vertriebskosten auf die gleiche Bezugsgröße – nämlich die Menge der hergestellten Erzeugnis- einheiten – zu beziehen, weil zumindest die Verwaltungs- und Vertriebskosten in keiner Beziehung zu diesen stehen.

Hier muß die einstufige durch die *mehrstufige Divisions- kalkulation* ersetzt werden. Rein abrechnungstechnisch müs- sen wenigstens zwei Bereiche – nämlich der Produktions- und der Verwaltungs- und Vertriebsbereich – gebildet und die Kosten je Leistungseinheit (E) in zwei Schritten erreicht werden.

$$\frac{\text{Herstellkosten}}{\text{je Leistungseinheit}} = \frac{\text{Gesamtherstellkosten der Periode}}{\text{Zahl der hergestellten Erzeugniseinheiten}}$$

$$\frac{\text{+ VuV-Kosten}}{\text{je Leistungseinheit}} = \frac{\text{Gesamte VuV-Kosten der Periode}}{\text{Zahl der abgesetzten Erzeugniseinheiten}}$$

= Gesamtkosten je Leistungseinheit (E)

Je nachdem, wie stark Produktions- und Absatzleistung eines Monats differieren, können sich bei der Anwendung dieser Methode erhebliche Rechenunterschiede zur einstufigen Form ergeben.

Beispiel zur Divisionskalkulation

Produktionsleistung des Monats	=	1 000 E
Absatzleistung des Monats	=	500 E
Lagerzugang	=	500 E
Gesamtherstellkosten des Monats	=	75 000 DM
Gesamtverwaltungs- und Vertriebskosten des Monats	=	25 000 DM

$$\text{Kalkulationsergebnis bei einstufiger Rechnung} \quad \frac{100\,000\ \text{DM}}{1\,000\ \text{E}} = \underline{\underline{100\ \text{DM/E}}}$$

$$\text{Kalkulationsergebnis bei mehrstufiger Rechnung} \quad \frac{75\,000\ \text{DM}}{1\,000\ \text{E}} = 75\ \text{DM/E}$$

$$+ \frac{25\,000\ \text{DM}}{500\ \text{E}} = 50\ \text{DM/E}$$

$$\text{Kosten je Leistungseinheit} \quad = \underline{\underline{125\ \text{DM/E}}}$$

Es sind aber bei dieser Form der Divisionskalkulation auch mehr als die im vorhergehenden Beispiel dargestellten zwei Abrechnungsstufen (Stufe 1 = Herstellungsbereich; Stufe 2 = Verwaltungs- und Vertriebsbereich) denkbar. Das ist in der Praxis insbesondere dann der Fall, wenn die Herstellung weitgehend gleichartiger Erzeugnisse in mehreren Produktionsstufen erfolgt und jede Produktionsstufe die von ihr bearbeiteten Erzeugnisse an die nachfolgende zur weiteren Vervollkommnung weiterleitet. In diesem Fall können die Herstellkosten je E in mehreren Schritten (entsprechend der Zahl der Produktionsstufen) erstellt werden.

$$
\frac{\text{Herstellkosten}}{\text{je E Stufe 1}} = \frac{\text{Gesamtherstellkosten Stufe 1}}{\text{Zahl der in dieser Stufe bearbeiteten Erzeugnisse}}
$$

$$
\frac{\text{+ Herstellkosten}}{\text{je E Stufe 2}} = \frac{\text{Gesamtherstellkosten Stufe 2}}{\text{Zahl der in dieser Stufe bearbeiteten Erzeugnisse}}
$$

$$
\frac{\text{+ Herstellkosten}}{\text{je E Stufe 3}} = \frac{\text{Gesamtherstellkosten Stufe 3}}{\text{Zahl der in dieser Stufe bearbeiteten Erzeugnisse}}
$$

usw.

$$
\frac{\text{+ VuV-Kosten}}{\text{je Einheit}} = \frac{\text{Gesamte VuV-Kosten der Periode}}{\text{Zahl der abgesetzten Erzeugnisse}}
$$

= Gesamtkosten je Leistungseinheit (E)

Die höchstentwickelte Form der Divisionskalkulation ist die *Äquivalenzziffernrechnung*, die in solchen Betrieben angewendet wird, in denen entweder nur ein Produkt, dieses aber in unterschiedlichen Qualitäten, Abmessungen oder Größen hergestellt wird oder aber verschiedenartige Erzeugnisse gefertigt werden, die jedoch einen hohen Grad innerer Verwandtschaft aufweisen (Beispiele: Blechwalzwerke, in denen

48

Bleche unterschiedlicher Stärken und Güten gefertigt werden; Brauereien, die verschiedene Biersorten produzieren).

Das Wesen der Äquivalenzziffernrechnung besteht darin, die innerhalb einer Zeitperiode insgesamt angefallenen Fertigungs- und Vertriebskosten mit Hilfe von Wertungsziffern (in der Sprache der Kostenrechnung: Äquivalenzziffern) auf die Kostenträger zu verteilen. Diese Wertungsziffern sollen widerspiegeln, wie sich die Kosten eines Erzeugnisses zu denen anderer Erzeugnisse verhalten.

Die Funktionsweise der Äquivalenzziffernrechnung läßt sich am besten am praktischen Beispiel darstellen (siehe unten). Mit der Äquivalenzziffernrechnung werden erheblich differenziertere und genauere Ergebnisse als bei Anwendung der einfachen Divisionskalkulation erzielt.

In vielen Fällen ist es ratsam, auch bei Anwendung der Äquivalenzziffernrechnung „mehrstufig" vorzugehen und die Kosten der Fertigung getrennt von denen des Verwaltungs- und Vertriebsbereiches zu erfassen und für diese beiden Bereiche unabhängig voneinander Äquivalenzziffern zu erstellen, weil die Fertigungskosten eine andere Relation zueinander aufweisen als die Verwaltungs- und Vertriebskosten. So ist es im vorliegenden Fall höchst unwahrscheinlich, daß die Absatzaufwendungen für die drei Blecharten sich ebenfalls wie 1 : 3 : 8 verhalten, so daß einheitliche Äquivalenzziffern falsche Ergebnisse hervorrufen würden.

Beispiel zur Äquivalenzziffernrechnung

Ein Blechwalzwerk hat in einem Monat 150 t Bleche produziert, und zwar

> 100 t mit 2 mm Stärke
> 40 t mit 1 mm Stärke
> 10 t mit 0,5 mm Stärke

Die Gesamtkosten dieses Monats haben 60 000 DM betragen. Wie sind diese Kosten auf die einzelnen Sorten zu verteilen?

Die einfache Divisionskalkulation würde die Gesamtkosten durch die gesamte Erzeugung dividieren (60 000 DM : 150 t) und so einen einheitlichen Betrag von 400 DM/t errechnen, der aber sichtlich für das dicke Blech zu hoch und für die dünnen Abmessungen zu niedrig wäre; denn die Fertigungskosten sind um so höher, je weiter das Vormaterial ausgewalzt werden muß.

Die Äquivalenzziffernrechnung bildet auf Grund technischer Daten Wertungsziffern. Wenn beispielsweise festgestellt worden ist, daß für das Auswalzen des Vormaterials auf 1 mm das Dreifache und für das Auswalzen auf 0,5 mm das Achtfache an Walzzeit benötigt wird wie für das Auswalzen auf 2 mm, würde man folgende Wertungsziffern festlegen:

$$2 \quad \text{mm} = \text{Äquivalenzziffer 1}$$
$$1 \quad \text{mm} = \text{Äquivalenzziffer 3}$$
$$0,5 \text{ mm} = \text{Äquivalenzziffer 8}$$

Mit den bis hierher bekannten Daten läßt sich die „Äquivalenzziffernreihe" erstellen und mit ihrer Hilfe die Kostenverteilung vornehmen.

Produkt	Ä-Ziffer	Prod.-Menge t	Rechen-einheiten[1] RE	Gesamtkosten der RE[3] DM	Kosten je Produkt-einheit[4] DM/t
2 mm	1	100	100	100 x 200 = 20 000	200
1 mm	3	40	120	120 x 200 = 24 000	600
0,5 mm	8	10	80 300[2]	80 x 200 = 16 000	1 600

1 RE = Produzierte Menge x Äquivalenzziffer

2 Kosten je RE = $\dfrac{\text{Gesamtkosten}}{\text{Zahl der RE}}$

3 Gesamtkosten der RE = Zahl der RE x Kosten der RE

4 Kosten je Produktionseinheit = $\dfrac{\text{Gesamtkosten der RE}}{\text{Produzierte Menge}}$

50

■ Die Zuschlagskalkulation

In Betrieben mit differenzierter oder mit Einzelfertigung kann die Zurechnung der Kosten auf die Erzeugnisse nur mit den Mitteln der Zuschlagskalkulation erfolgen. Das Wesen der Zuschlagskalkulation besteht darin, daß die Einzelkosten dem Kostenträgern zwar direkt angelastet werden, der zumeist größere Teil der Gemeinkosten jedoch zunächst in der Stellenrechnung gesammelt und aufbereitet wird, um dann über Zuschlagsbasen auf die Träger verteilt zu werden.

Auch innerhalb der Zuschlagskalkulation werden Unterformen unterschieden, die – ähnlich wie bei der Divisionskalkulation – als Entwicklungsstufen angesehen werden können.

Beispiel zur Zuschlagskalkulation

Gemeinkostensumme eines Monats = 100 000 DM
Zuschlagsbasis Fertigungslohn   =   50 000 DM
Zuschlagssatz   = 200 %

In diesem Monat sind die drei Kostenträger A, B und C gefertigt worden, deren Kalkulation wie folgt aussieht:

	A	B	C	Summe
Fert.-Lohnkosten (direkt angelastet)	10 000	10 000	30 000	50 000
Gemeinkosten (Zuschlagssatz 200 %)	20 000	20 000	60 000	100 000
Gesamtkosten	30 000	30 000	90 000	150 000

Die einfachste dieser Unterformen ist die *summarische Zu-schlagskalkulation*, die auf eine Aufteilung des Betriebsbereiches nach Kostenstellen verzichtet, rein abrechnungstechnisch den gesamten Betrieb als eine einzige Stelle betrachtet und die gesamten Gemeinkosten des Betriebes auch nur mit Hilfe einer einzigen Zuschlagsgrundlage auf die Träger verteilt.

Diese summarische Form der Zuschlagskalkulation ist in der Praxis nur in kleineren Betrieben anzutreffen, weil nur in diesen unterstellt werden kann, daß die Relation zwischen Gemeinko-sten und Zuschlagsgrundlage (im vorliegenden Beispiel 200 %) in allen Teilen des Betriebes gleich ist.

Sehr viel häufiger ist die *differenzierte Zuschlagskalkulation*, bei der zwar ebenfalls zwischen direkt und nicht direkt zurechen-baren Kosten getrennt wird, die aber den gesamten Unter-nehmensbereich kostenstellenweise gliedert und für die Zu-rechnung der Gemeinkosten einer jeden Kostenstelle eine indi-viduelle Zuschlagsbasis sucht, um dem Gesetz der Proportionalität zu gehorchen. Das führt – wie im oben dargestellten Beispiel des BAB – zur Anwendung mehrerer unterschiedlicher Zuschlags-grundlagen in einer Unternehmung. Dieses Verfahren ist zwar arbeitsaufwendiger, aber auch wesentlich genauer als die sum-marische Zuschlagskalkulation.

Um den Grad der Genauigkeit der Kostenrechnung noch zu erhöhen, gehen immer mehr Betriebe dazu über, selbst inner-halb der einzelnen Kostenstellen sich für die Verteilung der hier angefallenen Gemeinkosten nicht mit nur einer Zuschlags-grundlage zu begnügen, sondern gleich deren zwei oder noch mehr zu verwenden. Man spricht in diesem Fall von der „elektiven Form der differenzierten Zuschlagskalkulation", während die Verwendung von nur einer Zuschlagsbasis je Kostenstelle „kumulative Form" genannt wird.

Die elektive Methode führt dabei zu wesentlich genaueren Kalkulationsergebnissen als die kumulative Form, sie ist aber – und das ist ihr Nachteil – auch ungleich arbeitsaufwendiger.

■ Die Kalkulation von Kuppelprodukten

Kuppelprodukte sind stark verschiedenartige Erzeugnisse, die aber zwangsläufig in ein und demselben Produktionsgang nebeneinander anfallen, z. B. Kokerei: Koks und Koksofengas; Hochofen: Roheisen und Gichtgas.

Die Verteilung der Gesamtkosten auf die beiden (oder mehrere) Erzeugnisse ist sehr schwierig, weil diese zur gleichen Zeit die gleichen Produktionsanlagen benutzt haben und es unmöglich ist festzustellen, welcher Teil der Kosten auf das eine und welcher Teil auf das andere Erzeugnis entfällt. Aus diesem Grunde sind Hilfsrechnungen entwickelt worden, die bei näherem Hinsehen zwar nicht voll befriedigen können, die aber angewendet werden müssen, solange keine besseren Instrumente zur Verfügung stehen.

Die eine Methode zur Ermittlung der Kosten von Kuppelprodukten ist die *Restwertrechnung* (oder Subtraktionsmethode). Das Grundprinzip dieser Methode besteht darin, von den im Zusammenhang mit der Fertigung beider Produkte insgesamt angefallenen Kosten die für das Nebenprodukt erzielten bzw. erzielbaren Erlöse zu subtrahieren und zu unterstellen, daß der verbleibende Kostenrest identisch ist mit den Kosten des Hauptproduktes.

Diese Form der Restwertrechnung findet Anwendung, wenn die Fertigung des Hauptproduktes eindeutig im Vordergrund des Interesses steht und das Nebenprodukt eigentlich nur eine mehr oder weniger erwünschte „Zugabe" ist. Sie unterstellt – und darin liegt ihre Gefahr –, daß Erlöse und Kosten für das Nebenprodukt identisch sind – ein Nachteil, der aber infolge der oben geschilderten Schwierigkeiten in Kauf genommen werden muß.

Die *Marktwertrechnung* wird angewendet, wenn die Fertigung beider Erzeugnisse von in etwa gleichem Interesse ist. Auch bei dieser Methode werden zunächst die Gesamtkosten gesammelt. Im Gegensatz zur Restwertrechnung werden nun aber die am

Markt erzielbaren Erlöse für beide Produkte zueinander in Relation gesetzt und die Gesamtkosten entsprechend dieser Relation auf die Erzeugnisse verteilt.

Beispiel zur Kalkulation von Kuppelprodukten

Gesamtkosten des Monats: 100 000 DM

Es sind 10 000 Einheiten des Hauptproduktes und 1 000 Einheiten des Nebenproduktes gefertigt worden.

Erzielbarer Marktpreis des Nebenproduktes: 10 DM/E

Gesamtverkaufswert des Nebenproduktes:
1 000 E x 10 DM/E = 10 000 DM

Kosten des Hauptproduktes:

Gesamtkosten	100 000 DM
– Erlös Nebenkosten	10 000 DM
	90 000 DM

3 Kosten und Beschäftigungsgrad

In den bisherigen Ausführungen wurde die Kostenrechnung in erster Linie unter dem Gesichtspunkt der Angebotskalkulation, Preisbildung und Erfolgsermittlung betrachtet. Wenn sie aber auch als Hilfsmittel unternehmerischer Entscheidungen eingesetzt werden soll, muß sie vor allem in der Lage sein, Auskunft darüber zu geben, wie sich der Gesamtkostenblock der Unternehmung bei einem Anstieg bzw. Rückgang der Beschäftigung verändert.

Die Fragen, ob investiert werden soll oder nicht, ob die Produktion ausgedehnt oder gedrosselt werden soll, ob zusätzliche Produkte in das Fertigungsprogramm der Unternehmung aufgenommen oder andere herausgenommen werden sollen, können nur beantwortet werden, wenn der Einfluß dieser Entscheidungen auf die Kostenentwicklung absehbar ist.

Nun zeigt die Praxis des betrieblichen Rechnungswesens aber, daß sich die Kosten keineswegs in dem Maße verändern wie die Beschäftigung. Zwar werden bei einem wesentlichen Anstieg oder Rückgang der Beschäftigung auch die Kosten der Betriebe mit anwachsen bzw. zurückgehen, aber in einem ganz anderen Umfang als die Beschäftigung.

Das wiederum liegt daran, daß der Gesamtkostenblock einer Unternehmung, eines Betriebes oder einer Kostenstelle im Hinblick auf sein Verhalten bei Beschäftigungsänderungen nicht als eine einheitliche, homogene Größe angesehen werden kann, sondern aus einer ganzen Reihe verschiedenartiger Teilkomponenten besteht, die alle auf Beschäftigungsänderungen unterschiedlich reagieren.

3.1 Fixe Kosten

Eine der – vor allem in der heutigen Zeit – wichtigsten Teil-komponenten des Gesamtkostenblocks sind dabei die fixen Ko-sten.

Als „fix" oder „beschäftigungsunabhängig" wird derjenige Teil der Kosten bezeichnet, der sich bei einem Anstieg oder Rück-gang der Beschäftigung nicht mit verändert.

Die fixen Kosten fallen stets in gleicher Höhe an, im Extremfall sogar, wenn der Betrieb vorübergehend still steht (z. B. Mieten, Pachten, Versicherungsprämien, Gehälter, kalkulatorische An-lagezinsen).

Bezogen auf die Leistungseinheiten sind die fixen Kosten je-doch beweglich. Sie verändern sich im umgekehrten Verhältnis wie die Beschäftigung: Bei einem Anstieg der Beschäftigung gehen die fixen Kosten pro Leistungseinheit zurück, bei einem Beschäftigungsrückgang wachsen sie an.

Fixkostendegression

Beschäftigung	Gesamt-Fixkosten	Fixkosten je LE
1 000 E	2 000 DM	2,– DM/E
2 000 E	2 000 DM	1,– DM/E
500 E	2 000 DM	4,– DM/E

Dieses Verhalten der fixen Kosten ist der Grund dafür, warum fixkostenintensive Wirtschaftszweige (Bergbau, Stahlindustrie, Maschinenbauwerften u. a.) so sehr auf möglichst volle Auslastung ihrer betrieblichen Anlagen achten müssen; denn schon ein relativ geringer Rückgang der Beschäftigung kann dazu führen, daß die Stückkosten bei gleichbleibenden Preisen plötzlich höher werden als die Erlöse und somit zu Verlusten führen.

Eine Sonderform der fixen Kosten sind die *sprungfixen Kosten*. Das sind Kosten, die – wie die normalen fixen Kosten auch – über größere Beschäftigungsintervalle in unveränderter Höhe anfallen, dann aber plötzlich sprungartig anwachsen oder zurückgehen. Das ist insbesondere beim Übergang von einer zur anderen Schicht der Fall.

Beispiel Gehaltskosten

Für jede Schicht wird ein Meister als Aufsichtsperson benötigt. Sofern der Betrieb nur einschichtig arbeitet, ist das Gehalt des Meisters voll fix. Beim Übergang zum Zweischichtenbetrieb muß ein weiterer Meister eingestellt werden. Die Gehälterkosten steigen sprunghaft an. Ähnliches wiederholt sich beim Übergang auf die dritte Schicht und – nur in umgekehrter Richtung – bei einem Beschäftigungsrückgang.

3.2 Variable Kosten

Das Gegenstück zu den fixen sind die variablen Kosten.

Als „variabel" oder „beschäftigungsabhängig" wird derjenige Teil der Kosten bezeichnet, der – im Gegensatz zu den fixen Kosten – auf Beschäftigungsveränderungen reagiert.

Da diese Reaktionen jedoch sehr unterschiedlich sein können, gliedern sich die variablen Kosten noch in eine Reihe von Unterformen, die im folgenden besprochen werden.

3.2.1 Proportionale Kosten

Als proportional gelten alle diejenigen Kosten, die sich im selben Verhältnis wie die Beschäftigung ändern (z. B. Fertigungslohn-, Fertigungsmaterial- und oftmals auch Energie- und Brennstoffkosten).

Bei einem Beschäftigungsanstieg steigen sie so an wie diese, und bei einem Rückgang gehen sie entsprechend mit zurück.

Je Leistungseinheit sind die proportionalen Kosten konstant, d. h., ihr Anteil an den Stückkosten ist – unabhängig von der jeweiligen Beschäftigungssituation – stets gleich hoch.

Proportionale Kosten

Beschäftigung	Gesamte proportionale Kosten	Proportionale Kosten je LE
1 000 E	2 000 DM	2,– DM/E
2 000 E	4 000 DM	2,– DM/E
500 E	1 000 DM	2,– DM/E

Darum sind Betriebe mit hohen proportionalen Kosten nicht so sehr anfällig gegenüber Beschäftigungskrisen, partizipieren jedoch in Zeiten steigender Beschäftigung auch nur wenig an dem positiven Einfluß dieses Ereignisses auf die allgemeine Kostenentwicklung.

3.2.2 Progressive (überproportionale) Kosten

Fixe und proportionale Kosten sind für den Praktiker die wichtigsten Kostenkategorien. Darüber hinaus gibt es noch die progressiven (= überproportionalen) Kosten.

Progressive Kosten sind Kosten, die – ähnlich wie die proportionalen – bei einem Anstieg der Beschäftigung mit anwachsen und bei einem Rückgang mit zurückgehen, deren Änderung aber stärker als die der Beschäftigung ist (z. B. Mehrarbeitslöhne, bestimmte Werkzeug- und Reparaturkosten). Auch je Leistungseinheit verändern sie sich stärker als die Beschäftigung.

Progressive Kosten

Beschäftigung	Gesamte progressive Kosten	Progressive Kosten je LE
1 000 E	2 000 DM	2,00 DM/E
2 000 E	5 000 DM	2,50 DM/E
500 E	500 DM	1,00 DM/E

3.2.3 Degressive (unterproportionale) Kosten

Das Gegenstück zu den progressiven Kosten sind die degressiven (= unterproportionalen) Kosten.

Die degressiven Kosten steigen bei einem Anstieg der Beschäftigung langsamer an als diese und gehen bei einem Rückgang auch entsprechend langsamer zurück. Je Leistungseinheit gehen sie bei einem Beschäftigungsanstieg zurück und wachsen bei einem Rückgang der Beschäftigung an.

Degressive Kosten

Beschäftigung	Gesamte degressive Kosten	Degressive Kosten je LE
1 000 E	2 000 DM	2,00 DM/E
2 000 E	3 000 DM	1,50 DM/E
500 E	1 500 DM	3,00 DM/E

3.2.4 Regressive Kosten

Als regressiv werden diejenigen Kosten bezeichnet, die sich umgekehrt zur Beschäftigung verhalten. Sie gehen zurück, wenn die Beschäftigung ansteigt, und sie wachsen an, wenn die Beschäftigung zurückgeht.

Eine typisch regressive Kostenart ist der Hilfslohn. In Zeiten rückläufiger Beschäftigung versuchen viele Betriebe aus mannigfachen Gründen, zunächst einmal ihre qualifizierten Facharbeiter zu halten. Da für sie aber keine Fertigungsarbeiten mehr vorhanden sind, werden sie im Hilfslohn beschäftigt. Dieser steigt an. Wenn dagegen die Beschäftigung wieder anzieht, werden diese Facharbeitskräfte wieder produktiv eingesetzt und im Fertigungslohn bezahlt. Die Hilfslohnkosten gehen zurück.

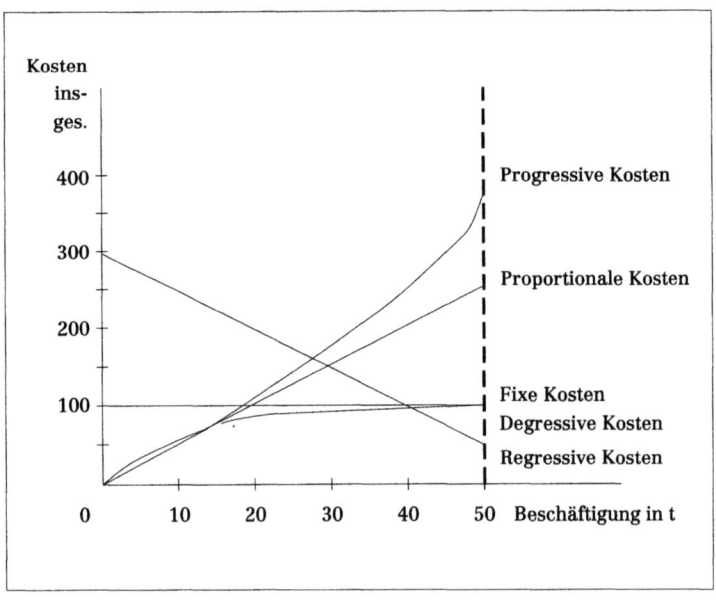

Abb. 2: Gesamtdarstellung: Kosten und Beschäftigungsgrad

60

4 Kostenrechnung und Preispolitik

Für die tägliche Verkaufsarbeit ist eine Aufteilung der Gesamtkosten einer Unternehmung in die verschiedenen Kostenkategorien von großer Bedeutung. Das gilt insbesondere in Zeiten rückläufiger Beschäftigung, in denen um jeden Auftrag gekämpft werden muß. In solchen Zeiten zeigen die Stückkosten infolge des Einflusses der fixen Kostenbestandteile steigende Tendenz. Das wiederum müßte eigentlich zu der betriebswirtschaftlich richtigen Konsequenz führen, auch die Angebotspreise zu erhöhen; denn langfristig müssen die am Markt erzielbaren Erlöse die Kosten überdecken, wenn keine Verluste entstehen sollen.

Nun weiß aber jeder Verkäufer, daß gerade diese Forderung nach Anhebung der Preise in Zeiten schlechter Beschäftigung nur außerordentlich schwer zu realisieren ist. Im Zuge des dann besonders harten Konkurrenzkampfes weisen die Preise vielmehr eher Verfalltendenzen auf.

Damit steht der Verkäufer infolge der steigenden Stückkosten einerseits und der zumeist rückläufigen Erlöse andererseits vor einem doppelten Dilemma; und gerade in solchen Zeiten taucht immer wieder die Frage auf, ob Aufträge, an denen die Unternehmung aus Beschäftigungsgründen zwar brennend interessiert ist, die aber die vollen Kosten nicht decken, hereingenommen werden sollen oder nicht.

Bei entsprechender Ausgestaltung ist die Kostenrechnung durchaus in der Lage, die Beantwortung dieser Frage wesentlich zu erleichtern. Voraussetzung ist die Erkenntnis, daß die im Rahmen dieses Kapitels mehrfach genannte Forderung nach kostendeckenden Preisen langfristig zwar unter allen Umständen erfüllt werden muß, daß kurzfristig aber jede Unternehmung auf die Deckung eines Teiles ihrer Kosten verzichten kann und u. U. sogar – trotz gestiegener Stückkosten – die Preise senken kann, wenn es dadurch möglich wird, zusätzliche Aufträge zu erhalten.

Wichtig ist dabei nur zu wissen, auf welchen Teil der Kosten vorübergehend verzichtet werden kann.

4.1 Der Grenzkostensatz oder Proportionalkostensatz

Beispiel: Auftragsannahme I

Fixe Kosten:	10 000	DM
Proportionale Kosten:	100	DM/E
Auftragsvolumen:	100	E
Marktpreis:	100	DM/E

Ergebnisrechnung bei Auftragsannahme:

Erlös	= 100 E x 100 DM/E	=	10 000 DM
– Proportionale Kosten	= 100 E x 100 DM/E	=	10 000 DM
– Fixe Kosten	=	=	10 000 DM
Erfolg	=	–	10 000 DM

Ergebnisrechnung bei Auftragsablehnung:

Erlös	=	0 DM
– Proportionale Kosten	=	0 DM
– Fixe Kosten	=	10 000 DM
Erfolg	= –	10 000 DM

Zur Lösung dieses Problems hat die Kostenrechnung verschiedene preispolitische Instrumente entwickelt. Das bekannteste und am häufigsten angewandte ist der Grenzkostensatz oder

Proportionalkostensatz. Er geht von der Auflösung der Kosten in fixe und proportionale Bestandteile und von der Erkenntnis aus, daß die fixen Kosten beschäftigungsunabhängig sind und anfallen, gleichgültig, ob ein Auftrag hereingenommen wird oder nicht, während die proportionalen Kosten auftragsabhängig sind und bei Verzicht auf den Auftrag eingespart werden können.

Daraus wird deutlich, daß auf jeden Fall die proportionalen Kosten in die Angebotskalkulation und Preisbildung einbezogen werden müssen, während auf die Deckung eines Teiles der – im ungünstigsten Fall sogar aller – fixen Kosten verzichtet werden kann. Das (negative) Betriebsergebnis ist gleich, egal, ob ein Auftrag nur zu proportionalen Kosten hereingenommen oder aber abgelehnt wird (vgl. Beispiel Auftragsannahme I).

Es ist selbstverständlich, daß diese Art der Kalkulation nur vorübergehend zur Überwindung von „Durststrecken" akzeptiert werden kann; denn jeder Auftrag, der die vollen Kosten nicht erlöst, führt nun einmal zu einem Substanzverlust, den sich jede Unternehmung nur eine bestimmte Zeit leisten kann. Es ist aber ebenso selbstverständlich, daß der Auszehrungsprozeß verlangsamt werden kann, wenn in Zeiten schlechter Beschäftigung Aufträge hereingenommen werden, die zwar nicht die vollen Kosten, aber doch mehr als die proportionalen Kosten decken.

Beispiel: Auftragsannahme II

Ein Schmiedebetrieb ist an einem Auftrag zur Herstellung einer Kurbelwelle interessiert, weil dieser Auftrag freie Kapazitäten beschäftigen würde. Erzielbarer Erlös = 300 000 DM; Kosten laut Kalkulation = 400 000 DM, davon 150 000 DM fixe und 250 000 DM proportionale.

Der Preis deckt zwar nicht die vollen Kosten, aber mehr als den proportionalen Anteil. Er trägt damit zur Deckung wenigstens eines Teils der fixen Kosten bei. Der Auftrag erwirtschaftet also einen „relativen Gewinn" in Höhe von 50 000 DM. Würde er nicht hereingenommen, blieben nicht nur 100 000 DM, sondern 150 000 DM fixe Kosten ungedeckt. Absolut gesehen bleibt dieser Auftrag natürlich ein Verlustauftrag; aber der Verlust ist geringer als bei seiner Ablehnung.

Der Grenzkosten- oder Proportionalkostensatz kann also als „Kalkulationsinstrument in Zeiten der Unterbeschäftigung" charakterisiert werden. Er basiert auf einer Trennung der Kosten in fixe und proportionale Anteile und bezieht in der Kalkulation vorübergehend nur die proportionalen Kosten ein. Jeder Auftrag, der in der Unterbeschäftigung mehr als die proportionalen Kosten erlöst, ist förderungswürdig, auch wenn er die vollen Kosten nicht deckt.

4.2 Das Verfahren der Liquiditätspreisuntergrenze

Vom Ansatzpunkt her ganz ähnlich aufgebaut ist das Verfahren der Liquiditätspreisuntergrenze. Auch bei diesem Verfahren werden die Gesamtkosten einer Unternehmung in zwei große Gruppen aufgespalten, allerdings nicht in fixe und proportionale Anteile, sondern unter dem Gesichtswinkel ihres Einflusses auf die Liquidität der Unternehmung in stark ersatzbedürftige und schwach ersatzbedürftige Kosten. Als „stark ersatzbedürftig" werden diejenigen Kosten angesehen, die relativ schnell zu einer echten effektiven Geldausgabe führen (z. B. Löhne, Gehälter, Mieten, Pachten), während Kosten, die erst zu einem späteren Zeitpunkt Ausgaben erforderlich machen, als „schwach ersatzbedürftig" gelten (z. B. Abschreibungen und Zinsen).

In die Angebotskalkulation und Preisbildung werden in Zeiten schlechter Beschäftigung nur die stark ersatzbedürftigen Kosten einbezogen und kurzfristig vorübergehend alle Aufträge angenommen, die mehr bringen als diese, auch wenn sie absolut gesehen zu Verlusten führen. Würde man in solchen Zeiten auf ihre Hereinnahme verzichten, wäre der Verlust noch größer.

Die in der Praxis vielfach vertretene Meinung, Grenzkostensatz und Liquiditätspreisuntergrenze würden zu gleichen Kalkulationsergebnissen führen, ist falsch. Es gibt sehr wohl fixe Kosten, die stark ersatzbedürftig sind (z. B. Gehälter). Sie sind in der Grenzkostensatz-Kalkulation nicht enthalten, wohl aber in der Liquiditätspreisuntergrenze. Umgekehrt sind bestimmte proportionale Kosten (z. B. die proportionalen Teile der Abschreibungen) schwach ersatzbedürftig und damit zwar Bestandteil des Proportionalkostensatzes, nicht aber der Liquiditätspreisuntergrenze.

Aus diesem Grunde stellt die Kombination beider Systeme das optimale Kalkulationsinstrument für Zeiten der Unterbeschäftigung dar. Wenn das Kalkulationssystem in der Dreierstufe

a) proportionale Kosten (als nicht zu unterschreitende absolute Preisuntergrenze)

b) proportionale + stark ersatzbedürftige fixe Kosten

c) proportionale + stark und schwach ersatzbedürftige fixe Kosten

aufgebaut ist, müßte es allen Verkaufsanforderungen gerecht werden können.

Das Verfahren der Liquiditätspreisuntergrenze kann also ebenfalls als „Kalkulationsinstrument in Zeiten der Unterbeschäftigung" angesehen werden, das aber von einer Auflösung der Kosten in stark und schwach ersatzbedürftige Anteile ausgeht und in die Kalkulation vorübergehend nur die stark ersatzbedürftigen einbezieht. Jeder Auftrag, der in der Unterbeschäftigung mehr erlöst als diese, ist förderungswürdig, auch wenn er die vollen Kosten nicht deckt.

Die beiden Verfahren zur Bildung der Preisuntergrenze haben auch die verschiedenen Formen der modernen „Deckungs- beitragsrechnung" in erheblichem Maße beeinflußt, wie später noch gezeigt wird (vgl. „Kostenrechnungssysteme"und „Fall- studie Deckungsbeitragsrechnung").

4.3 Der prozentuale Satz

Als weitere von der Kostenrechnung entwickelte Entscheidungs- hilfe für Verkaufsfragen in schlechten Zeiten ist der prozentuale Satz zu nennen. Hierbei wird auch in der Unterbeschäftigung so getan, als ob der Betrieb voll beschäftigt sei, und die Stückkosten werden auf der Basis dieser Vollbeschäftigung kalkuliert. Infolge des Fixkosteneinflusses liegen die so ermittelten Werte u. U. erheblich unter den tatsächlichen Kosten bei Unterbeschäftigung.

Beispiel zur Prozentsatz-Kalkulation

Der Betrieb ist nur einschichtig beschäftigt; die Kosten werden aber auf der Basis dreischichtiger Produktion kalkuliert.

Leistung bei einer Schicht: 150 E
Leistung bei drei Schichten: 300 E
Fixe Kosten: 10 000 DM
Proportionale Kosten: 50 DM/E

Kalkulation bei drei Schichten:
10 000 DM fix + 300 E x 50 DM/E prop. = 25 000 DM
Stückkosten bei drei Schichten: 83,33 DM
Tatsächliche Kosten bei einer Schicht:
10 000 DM fix + 150 E x 50 DM/E prop. = 17 500 DM
Tatsächliche Stückkosten bei einer Schicht: 116,66 DM

Jeder Auftrag, der im vorliegenden Beispiel mehr als 83,33 DM erzielt, würde bei Anwendung des prozentualen Satzes angenommen, auch wenn der Erlös unter den Vollkosten von 116,66 DM liegt.

Der prozentuale Satz ist also ebenfalls ein „Kalkulationsinstrument in Zeiten der Unterbeschäftigung", das die Kosten pro Erzeugniseinheit auf der Basis voller Beschäftigung ermittelt und jeden Auftrag fördert, der zumindest diese bringt, auch wenn die vollen Kosten bei Unterbeschäftigung nicht gedeckt werden.

Zusammenfassend läßt sich sagen, daß zwar langfristig alle im Zusammenhang mit der Fertigung und dem Absatz anfallenden Kosten durch die am Markt erzielbaren Preise gedeckt werden müssen, daß aber in Zeiten schlechter Beschäftigung auf Teile der Kosten vorübergehend verzichtet werden kann. Die Frage nach diesen Teilen beantwortet die Kostenrechnung mit unterschiedlichen Methoden, deren Anwendung die Flexibilität der Verkaufssteuerung wesentlich erhöht und preispolitische Entscheidungen erleichtert.

5 Die Methoden der Kostenauswertung

Die Kostenauswertung dient den Zwecken der Betriebskontrolle. Sie stellt die tatsächlich innerhalb einer Zeitperiode angefallenen Kosten Vorgabewerten gegenüber, die nach ganz bestimmten Prinzipien ermittelt werden. Aus dem Ergebnis dieses Vergleichs werden Rückschlüsse auf die Wirtschaftlichkeit oder Unwirtschaftlichkeit der betrieblichen Tätigkeit in der abgelaufenen Periode gezogen.

Entsprechen die Istkosten den Vorgabewerten oder liegen sie darunter, so wird unterstellt, daß wirtschaftlich gearbeitet worden ist; liegen sie darüber, so ist unwirtschaftlich gearbeitet worden. Diese Vergleichsrechnungen können in der Praxis auf unterschiedliche Weise aufgebaut werden.

5.1 Der Zeitvergleich

Der Zeitvergleich ist ein innerbetrieblicher Vergleich, bei dem innerhalb des Betriebes die Zahlenwerte eines Monats verglichen werden mit denen eines anderen (z. B. den Werten des Vormonats oder den Werten des entsprechenden Monats des Vorjahres). Sofern die Kosten des laufenden Monats nicht über den Vergleichswerten liegen, wird die Tätigkeit des Betriebes positiv beurteilt.

Diese Form des Vergleichs wird – wie im übrigen auch die anderen Methoden der Kostenauswertung – zweckmäßigerweise nicht pauschal für einen ganzen Betrieb, sondern differenziert nach Kostenstellen und Kostenarten durchgeführt.

Zeitvergleich in Dreherei

Kostenstelle 2581 Dreherei			
Kostenart	Laufender Monat	Kosten in DM Vormonat	Entsprechender Monat des Vorjahres
Strom	3 000	2 500	2 300
Werkzeuge	4 000	5 200	4 600

Der Zeitvergleich ist eine weitverbreitete Methode der Kosten-
kontrollrechnung, die vor allem in kleineren und mittleren
Unternehmungen häufig angewendet wird. Sie ist auch durchaus positiv zu beurteilen, weil sie sich zumindest mit der
Betriebskontrolle befaßt und versucht, Kostenveränderungen
aufzudecken.

Allerdings darf ihr Erkenntniswert nicht überschätzt werden,
weil sie doch über entscheidende Nachteile verfügt.

So werden die Kosten immer nur an Vergangenheitswerten
gemessen, für deren Zustandekommen u. U. ganz andere Gründe maßgebend gewesen sind, als sie für die laufende Periode
gelten. So kann z. B. die Produktionsleistung dieser laufenden
Periode erheblich über der des Vergleichsmonats gelegen haben,
so daß der erhöhte Stromverbrauch im vorliegenden Beispiel
(siehe oben) schon von daher völlig erklärt wird. Es ist aber auch
denkbar, daß die Energietarife gegenüber dem vergangenen
Jahr erhöht worden sind und deshalb die Stromkosten in diesem
Monat höher waren als die im entsprechenden Monat des Vorjahres.

Darüber hinaus kann dieser Vergleich immer nur aufzeigen, ob
besser oder schlechter gearbeitet worden ist als in der
Vergleichsperiode. Damit ist aber noch nicht gesagt, ob die
Betriebsleitung wirklich gut oder schlecht war, weil der absolute
Maßstab für das, was „gut" oder „schlecht" ist, fehlt. Ein niedri-
gerer Kostenverbrauch als der des Vormonats ist noch kein Indiz

69

für wirtschaftliche Tätigkeit, und umgekehrt braucht ein höherer Verbrauch noch keineswegs auf Unwirtschaftlichkeit schließen zu lassen.

5.2 Der Betriebsvergleich

Der Betriebsvergleich ist ein zwischenbetrieblicher Vergleich. Die in einem Monat angefallenen Kosten werden kostenarten- und kostenstellenweise gemessen an den entsprechenden Zahlen anderer vergleichbarer Betriebe, und aus dem Ergebnis dieses Vergleichs werden Rückschlüsse auf die Wirtschaftlichkeit oder Unwirtschaftlichkeit der Tätigkeit des eigenen Betriebes gezogen.

Diese Form der Vergleichsrechnung ist grundsätzlich ebenfalls positiv zu beurteilen, weil auch sie sich immerhin um eine gezielte Kostenkontrolle bemüht. Aber auch sie darf nicht kritiklos übernommen werden. Zwar hat sie gegenüber dem Zeitvergleich den Vorteil, die Kosten gleicher Zeitperioden zu vergleichen. Dennoch kann auch bei dieser Methode nur festgestellt werden, ob man besser oder schlechter als die Vergleichsbetriebe, nicht aber, ob man gut oder schlecht liegt; denn auch ihr fehlt der absolute Maßstab für die Wirtschaftlichkeit der betrieblichen Tätigkeit.

Außerdem ist zu berücksichtigen, daß eine Fülle von Faktoren (z. B. Standort, Betriebsgröße, Produktionsprogramm, technische Ausrüstung) den Kostenanfall in den einzelnen Betrieben sehr unterschiedlich beeinflussen kann.

Trotz dieser Einschränkungen ist auch der Betriebsvergleich in der Praxis häufig anzutreffen. Er wird als Kontrollinstrument vor allem in Unternehmungen, die sich zu Wirtschaftsverbänden zusammengeschlossen haben, und in Konzernen angewendet, wobei die Vergleiche zumeist auf Verbands- oder Konzernebene erstellt werden.

5.3 Der Soll-Ist-Vergleich

Der Soll-Ist-Vergleich ist ein modernes Instrument der Kosten-kontrollrechnung. Er ist – wie der Zeitvergleich – ein inner-betrieblicher Vergleich und stellt die Istkosten einer Periode Maßstabswerten gegenüber, die echter Ausdruck für die Wirt-schaftlichkeit der betrieblichen Tätigkeit sind.

Gegenüber den beiden anderen Verfahren hat er den Vorteil, bei Übereinstimmungen zwischen Soll- und Ist-Werten die absolute Aussage zuzulassen, daß wirtschaftlich gearbeitet worden ist; denn alle Einflußgrößen, die zu einer Verfälschung der Vorgabe-werte führen können, werden vor der Ermittlung der Sollzahlen eliminiert. Diese werden – weitgehend losgelöst von Zahlen der Vergangenheit – empirisch-ingenieurmäßig und bezogen auf die individuellen Kosten- und Beschäftigungsverhältnisse des je-weiligen Monats festgelegt und besitzen damit wirkliche Maßstabsfunktion (Einzelheiten zum Soll-Ist-Vergleich vgl. „Die Plankostenrechnung").

Allerdings setzt die Anwendung dieser Methode der Kostenaus-wertung ein entsprechend ausgebildetes betriebliches Rech-nungswesen voraus. In wirklich sinnvoller und systematischer Form kann der Soll-Ist-Vergleich nur in Betrieben mit Plan-, Standard- oder Richtkostenrechnung aufgezogen werden.

6 Kostenrechnungssysteme

Die bisher geschilderten vielfältigen Aufgaben des betrieblichen Rechnungswesens haben zur Entwicklung einer ganzen Reihe von unterschiedlichen Methoden der Kostenrechnung geführt, die sich alle auf vier Grundformen zurückführen lassen. Diese vier Grundformen sind

1. die Istkostenrechnung

2. die Normalkostenrechnung

3. die Plankostenrechnung (Standortkosten-, Richtkostenrechnung)

4. die Deckungsbeitragsrechnung

In der hier genannten Reihenfolge können sie als Entwicklungsstufen angesehen werden, die zwar nicht aufeinander aufbauen, die sich aber durch eine von Stufe zu Stufe breitere Erkenntnisbasis und durch Ausrichtung auf verschiedenartige Zielsetzungen unterscheiden.

6.1 Die Istkostenrechnung

Die Istkostenrechnung ist die älteste und ursprünglichste Form des betrieblichen Rechnungswesens.

Die Istkostenrechnung ist dadurch gekennzeichnet, daß alle in einer Abrechnungsperiode tatsächlich angefallenen Kosten (Istkosten) – ohne Rücksicht darauf, ob sie typisch für diese Periode sind oder nicht – kostenarten- und kostenstellenweise gesammelt und mit Hilfe der gewählten Bezugsgröße auf die in der gleichen Periode hergestellten Erzeugniseinheiten verteilt werden.

Eine zeitliche Abgrenzung oder eine Abgrenzung nach der Höhe gibt es nicht. So werden z. B. Reparaturarbeiten in den Monaten verrechnet, in denen sie angefallen sind, ohne Rücksicht darauf, ob diese Reparatur den Monat wirklich betrifft oder rein zufällig in dieser Zeit durchgeführt worden ist (weil es vielleicht der Weihnachtsmonat war, in dem die Anlagen ohnehin längere Zeit nicht produktiv eingesetzt waren). Ähnliches gilt für Urlaubs- und Feiertagslöhne, die ebenfalls so verrechnet werden, wie sie anfallen, mit dem Ergebnis, daß die urlaubs- und feiertags- starken Monate sehr viel mehr an Kosten zu tragen haben als die übrigen.

Beispiel zur Istkostenrechnung

Im Monat Januar sind bei einer Produktion von 1000 E Kosten in Höhe von 100 000 DM angefallen. Sie werden voll auf die Pro- duktion des Januar verteilt:

100 000 DM : 1000 E = 100 DM/E

Im Monat Februar sind wiederum 1000 E produziert worden. Der Kostenanfall beträgt 150 000 DM, weil in diesem Monat ein Ofen neu zugestellt werden mußte, der vorher 12 Monate in Betrieb war, ohne repariert zu werden. Im System der Ist- kostenrechnung betragen die Stückkosten nunmehr

150 000 DM : 1000 E = 150 DM/E

Die im Februar hergestellten Produkte sind also um 50 % teurer als die gleichen des Januar, nur weil die Kosten der Ofenzu- stellung voll in das Februarergebnis geflossen sind, obwohl die Produktion dieses Monats für das Entstehen der Reparatur weniger verantwortlich gemacht werden kann als beispielsweise die der 12 Monate vorher.

Damit ist die Istkostenrechnung – zumindest in der hier geschil- derten reinen Form – weder für Kalkulationszwecke noch für die der Erfolgsrechnung sonderlich brauchbar, denn kein Verkäufer kann einen von Monat zu Monat infolge der verschiedenartigen Kosteneinflüsse u. U. stark schwankenden Preis am Markt unterbringen.

Aus diesem Grund ist auch eine reine Istkostenrechnung nur noch in kleineren Betrieben anzutreffen. In größeren Unternehmungen werden dagegen in aller Regel die am stärksten sporadisch anfallenden Kosten ratenweise verrechnet, d. h., alle Monate eines Geschäftsjahres werden in gleicher Höhe mit diesen Kosten belastet. Das gilt für Urlaubs- und Feiertagslöhne ebenso wie für Kosten für Großreparaturen, kalkulatorische Kosten und oftmals auch für Mieten, Steuern, Pachten u. ä.

6.2 Die Normalkostenrechnung

Führt man dieses System der Normalisierung bestimmter Kostenarten innerhalb der sogenannten modifizierten Istkostenrechnung konsequent weiter fort, gelangt man schließlich zur Normalkostenrechnung.

6.2.1 Das Prinzip

Die geschilderten Nachteile der Istkostenrechnung haben zur Entwicklung einer völlig neuen Form des betrieblichen Rechnungswesens geführt, die aus noch darzustellenden Gründen Normalkostenrechnung genannt wird.

Der Ausgangspunkt der Normalkostenrechnung ist der gleiche wie der der Istkostenrechnung; denn auch in diesem System werden zunächst einmal die innerhalb einer Zeitperiode tatsächlich angefallenen Kosten (also die Istkosten) – getrennt nach

Kostenarten und Kostenstellen – gesammelt. Dabei werden auch hier häufig bestimmte, stoßweise anfallende Aufwendungen mit gleichbleibenden Raten verrechnet.

In der Kostenarten- und Kostenstellenrechnung gibt es also keine wesentlichen Unterschiede zwischen Ist- und Normalkostenrechnung. Diese Unterschiede werden erst in der Kostenträgerrechnung wirksam.

In dieser werden nämlich nicht – wie in der Istkostenrechnung – die tatsächlich angefallenen Kosten des Monats auch auf die Produktion dieses Monats verteilt, sondern die Kostenträger werden mit von Monat zu Monat gleichbleibenden Sätzen, den Normalkosten-Verrechnungssätzen, belastet.

Durch diese Art der Verrechnung werden ausgeschaltet:

1. Nachteile, die sich aus Schwankungen im Istkostenanfall der einzelnen Monate ergeben, und

2. Nachteile, die aus Beschäftigungsschwankungen (allein schon durch die unterschiedliche Zahl von Arbeitstagen in den einzelnen Monaten hervorgerufen) resultieren und die infolge des Fixkosteneinflusses dazu führen, daß die Kostenbelastung je E in beschäftigungsschwachen Monaten stärker ist als in beschäftigungsstarken.

Auf diese Weise wird die Arbeit des Verkaufs wesentlich erleichtert, weil Angebotskalkulation und Preisbildung von konstanten Werten ausgehen können. Es ist selbstverständlich, daß auf längere Sicht (etwa 1 Jahr) die Summe der verrechneten Kosten dem tatsächlichen Kostenanfall zu entsprechen hat, weil ja dieser – und nicht etwa eine festgelegte Verrechnungsgröße – durch die am Markt erzielbaren Erlöse realisiert werden muß.

Beispiel zur Normalkostenrechnung

Zu Beginn des Geschäftsjahres ist der Normalkosten-Verrechnungssatz mit 120 DM/E festgelegt worden (das Verfahren zur Ermittlung dieser Sätze wird anschließend noch gezeigt).

Wenn die Produktion des Monats Januar 1000 E betragen hat, wird die Kostenträgerrechnung auch mit 1000 E x 120 DM/E = 120 000 DM belastet. Der entsprechende Gegenwert wird dem Kostenstellenkonto gutgeschrieben, unabhängig davon, daß in Wirklichkeit in der Stellenrechnung nur 100 000 DM angefallen sind. Das sieht kontenmäßig dargestellt so aus:

Kostenstellenrechnung Januar

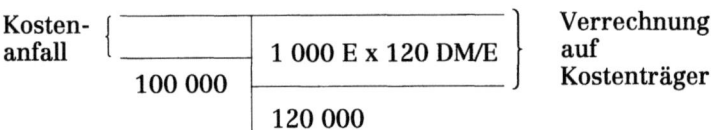

Die Kostenträgerbelastung und die Kostenstellengutschrift sind höher als der tatsächliche Kostenanfall.

Wenn im Februar wieder 1 000 E gefertigt werden, die Kosten aber infolge der erwähnten Ofenanschaffung 150 000 DM betragen, werden die Kostenträger dennoch mit 120 DM/E, insgesamt also mit 120 000 DM und damit weniger Kosten belastet als in der Stellenrechnung wirklich angefallen sind.

Kostenstellenrechnung Februar

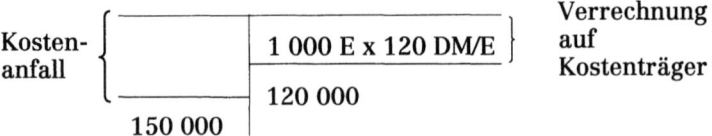

6.2.2 Der Normalkosten-Verrechnungssatz

Damit kommt aber der Frage nach der Bestimmung des Normal-kosten-Verrechnungssatzes erhöhte Bedeutung zu.

Er sollte nach Möglichkeit zu Beginn eines jeden Geschäftsjahres und für jede Kostenstelle innerhalb des Betriebes getrennt ermittelt und danach für das ganze Geschäftsjahr unverändert beibehalten werden. Nur bei wirklich extremen Kostenverän-derungen während des Jahres kann auch eine zwischenzeitliche Anpassung erwogen werden.

Ausgangspunkt für die Bildung dieses Satzes sind

■ die Normalkosten und

■ die Normalbeschäftigung

einer jeden Kostenstelle.

Die Normalkosten werden aus den Istkosten der Vergangenheit (in der Regel aus denen der 12 Monate des abgelaufenen Ge-schäftsjahres) gebildet. Sie werden addiert, und aus dem arith-metischen Mittel wird die „normalerweise" in einem Monat anfallende Kostenhöhe errechnet.

Ganz ähnlich wird bei der Bestimmung der Normalbeschäftigung vorgegangen. Auch hier wird der Mittelwert der Istbeschäftigung als Normalwert angesehen. Aus der Division von Normalkosten und Normalbeschäftigung ergibt sich der Normalkosten-Verrechnungssatz.

$$\text{Normalkosten-Verrechnungssatz} = \frac{\text{Normalkosten (in DM)}}{\text{Normalbeschäftigung (in E)}}$$

Da dieser Satz für das kommende Geschäftsjahr gültig sein soll, dürfen die Istzahlen der Vergangenheit allerdings nicht unbe-

Beispiel zum Normalkosten-Verrechnungssatz

Kostenstelle: 4712 Drehbänke
Bezugsgröße: Maschinen-Stunden (M.-Std.)

Monat	Istkosten	Beschäftigung M.-Std.	Kosten pro M.-Std.
Januar	10 000	900	11,11
Februar	8 000	600	13,33
März	12 000	1 100	10,90
April	9 000	1 000	9,00
Mai	9 000	1 000	9,00
Juni	13 000	1 300	10,00
Juli	14 000	1 300	11,66
August	14 000	1 400	10,00
September	11 000	1 300	8,46
Oktober	14 000	1 400	10,00
November	10 000	1 000	10,00
Dezember	8 000	900	8,88
Summe	132 000	13 200	
Durchschnitt	11 000 DM/Monat	1 100 M.-Std./Monat	

$$\text{Normalkostenverrechnungssatz} = \frac{\text{Normalkosten (in DM)}}{\text{Normalbeschäftigung (in M.-Std.)}}$$

$$= \frac{11\ 000\ \text{DM}}{1\ 100\ \text{M.-Std.}}$$

$$= 10\ \text{DM/M.-Std.}$$

einmalige Kostenbelastung oder Kontierungsfehler). Auch Veränderungen in der Zukunft, die sich im Zeitpunkt der Satzbildung bereits erkennen lassen (z. B. Lohnerhöhungen während des Geschäftsjahres oder Tarifänderungen im Brennstoff- und Energiesektor), müssen berücksichtigt werden, wenn die Sätze auch in der Zukunft praxisnah sein sollen.

Im kommenden Geschäftsjahr wird also jeder Kostenträger, der die Kostenstelle 4712 (vgl. Beispiel) in Anspruch nimmt, pro Stunde mit 10,– DM belastet, und der Kostenstelle werden für jede geleistete Stunde diese 10,– DM gutgeschrieben, unabhängig von der Höhe der tatsächlich angefallenen Istkosten in dieser Stelle bzw. ihrer Beschäftigungsleistung in dem jeweiligen Monat.

6.2.3 Die Behandlung der Kostenstellenumwertung (oder Kostenüber-/-unterdeckung)

Dieses für die Zwecke der Angebotskalkulation und Preisbildung sicherlich sinnvolle Vorgehen der Normalkostenrechnung führt nun allerdings zu Schwierigkeiten bei der monatlichen Erfolgsrechnung; denn diese kann infolge der geschilderten Art der Kostenverrechnung den Kostenträgern zunächst nur die „verrechneten Normalkosten" anlasten und auch nur diese den Umsatzerlösen gegenüberstellen.

Die Summe der auf diese Weise ermittelten Fabrikaterfolge kann mit dem Betriebsergebnis aber nicht identisch sein, weil die (positive oder negative) Differenz zwischen verrechneten Normalkosten und tatsächlich angefallenen Istkosten noch gar nicht berücksichtigt worden ist. Diese Differenz wird in der Sprache der Kostenrechnung Kostenstellenumwertung oder Kostenüber- bzw. Kostenunterdeckung genannt.

Wenn mehr Kosten auf die Träger verrechnet werden als angefallen sind, spricht man von einer positiven Kostenstellenumwertung (Kostenüberdeckung), im umgekehrten Fall von einer negativen (Kostenunterdeckung).

Diese Kostenstellenumwertung muß aber ebenfalls in das Betriebsergebnis einbezogen werden, weil dieses nur aus der Gegenüberstellung von Erlösen und tatsächlich angefallenen Kosten eines Monats errechnet werden kann. Der Aufbau des Betriebsergebnisses sieht also im System der Normalkostenrechnung wie folgt aus:

Umsatzerlöse
− Verrechnete Normalkosten

= Bruttoerfolg
± Kostenstellenumwertung (Kostenüber-/
-unterdeckungen)

= Betriebsergebnis

Kostenstellenumwertung

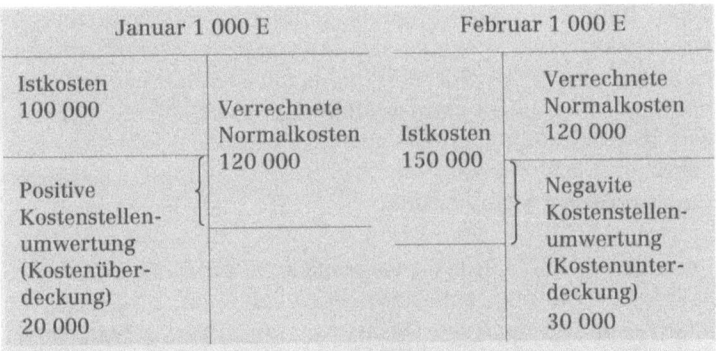

Die Einbeziehung dieser Kostenstellenumwertungen in die Erfolgsrechnung bereitet vor allem in Unternehmungen mit differenziertem Produktionsprogramm nicht unerhebliche Schwierigkeiten, weil sie auf den Kostenstellen anfallen und ihre Verteilung auf die Kostenträger in den Fällen Probleme aufwirft, in denen die Stellen von mehreren Trägern unterschiedlich stark in Anspruch genommen worden sind. Eine exakte und direkte Zurechnung ist in diesen Fällen nicht möglich.

Aus diesem Grunde sind in der Praxis unterschiedliche Verfahren zur Behandlung der Kostenstellenumwertungen entwickelt worden, die im folgenden verbal beschrieben und deren Auswirkungen an Hand der Zahlenbeispiele verdeutlicht werden. (Vgl. Methode I, II und III auf Seite 83 f.)

Die ersten beiden Verfahren gehen davon aus, daß die Umwertungen Bestandteil der im Zusammenhang mit Fertigung und Absatz der betrieblichen Produkte angefallenen Kosten sind (verrechnete Normalkosten + Kostenstellenumwertung = Istkosten) und demzufolge auch von den Produkten getragen werden müssen. Da aus den eben genannten Gründen eine direkte Belastung der Träger nur schwer möglich ist, sollen die Umwertungen mit Hilfe von Schlüsselgrößen auf diese verteilt werden.

Als geeignete Schlüsselgröße wird in *Methode I* der Umsatz angesehen. Je höher der Anteil eines Produktes am gesamten Umsatzerlös eines Monats ist, um so stärker soll es mit Umwertungen dieses Monats belastet werden.

Damit wird die ganze Fragwürdigkeit der Verwendung von Schlüsselgrößen nochmals deutlich; denn die Umsatzhöhe eines Produktes muß in keinerlei Zusammenhang mit der Kostenhöhe und schon gar nicht in Zusammenhang mit der Höhe der Kostenstellenumwertungen stehen. So hat beispielsweise das umsatzstarke Produkt mehr zur Beschäftigung des Betriebes beigetragen als das umsatzschwache. Wenn negative Beschäftigungsabweichungen infolge von Unterbeschäftigung entstanden sind, so ist das sicherlich nicht dem umsatzstarken Produkt anzulasten. Trotzdem wird es aber bei diesem Verfahren am stärksten mit Umwertungsanteilen belastet.

Begriffsbestimmungen in der Normalkostenrechnung

Normalkosten

= aus den bereinigten Istkosten der Vergangenheit ermittelte Durchschnittswerte für eine Abrechnungsperiode, z. B. 10 000 DM/ Monat.

Normalbeschäftigung

= voraussichtliche durchschnittliche Beschäftigung der Zukunft, die anhand der bereinigten Ist-Beschäftigungszahlen der Vergangenheit ermittelt wird, z. B. 1000 M.-Std./Monat.

Normalkosten-Verrechnungssatz

= ergibt sich aus der Division der Normalkosten durch die in Mengeneinheiten (t, m, kg, M.-Std. usw.) ausgedrückte Normalbeschäftigung.

$$\text{z. B. } \frac{10\ 000\ \text{DM}}{1\ 000\ \text{M.-Std.}} = 10\ \text{DM/M.-Std.}$$

Verrechnete Normalkosten

= Istbeschäftigung x Normalkostenverrechnungssatz, z. B. 800 M.-Std. x 10 DM/M.-Std. = 8000 DM.

Istkosten

= die innerhalb eines Monats tatsächlich angefallenen Kosten einer Kostenstelle, z. B. 9 000 DM.

Kostenstellenumwertung (Kostenüber-/ -unterdeckung)

= die auf der Kostenstelle entstehende Differenz zwischen verrechneten Normalkosten und Istkosten, z. B. 8 000 DM − 9 000 DM = − 1000 DM.

Beispiel für Verfahren zur Behandlung der Kostenstellenumwertung

Ausgangsbasis:

Gesamterlös Monat Januar:	100 000 DM
Verrechnete Normalherstellkosten:	60 000 DM
Verrechnete Normal-VuV-Kosten:	22 000 DM
Ist-Herstell- und -VuV-Kosten:	85 000 DM
Betriebsergebnis:	+ 15 000 DM (100 000–85 000)
Kostenstellenumwertung (Kostenunterdeckung):	– 3 000 DM (82 000–85 000)

	Kostenträger		
	A	B	C
Erlös	30 000	60 000	10 000
Verr. Normalherstellkosten	10 000	40 000	10 000
Verr. Normal-VuV-Kosten	10 000	10 000	2 000
Bruttoerfolg	+ 10 000	+ 10 000	– 2 000

Methode I:

Verteilung der Kostenstellenumwertung (Kostenunterdeckung) auf die Fabrikate nach den Umsatzerlösen.

	Kostenträger		
	A	B	C
Bruttoerfolg	+ 10 000	+ 10 000	– 2 000
+ Kostenstellenumwertung	– 900	– 1 800	– 300
Nettoerfolg	+ 9 100	+ 8 200	– 2 300

Gesamt-Betriebsergebnis: + 15 000 DM

Methode II:

Verteilung der Kostenstellenumwertung (Kostenunterdeckung) auf die Fabrikate nach den verrechneten Normal-Herstellkosten.

| | | Kostenträger | |
	A	B	C
Bruttoerfolg	+ 10 000	+ 10 000	– 2 000
+ Kostenstellenumwertung (Kostenüberdeckung):	– 500	– 2 000	– 500
Nettoerfolg	+ 9 500	+ 8 000	– 2 500

Gesamt-Betriebsergebnis: + 15 000 DM

Methode III:

Kostenstellenumwertungen (Kostenunterdeckung) werden nicht auf die Fabrikate verteilt, sondern en bloc in das Betriebsergebnis übernommen.

| | | Kostenträger | |
	A	B	C
Bruttoerfolg	+ 10 000	+ 10 000	– 2 000
Nettoerfolg			

Gesamt-Betriebsergebnis:	Brutto-Fabrikatergebnis	+ 18 000
	+ Kostenstellenumwertung (Kostenunterdeckung)	./. 3 000
	Netto-Betriebsergebnis	+ 15 000

Methode II verwendet als Verteilungsgröße die verrechneten Normalherstellkosten. Die Produkte mit der höchsten Normalkostenbelastung sollen auch den größten Teil der Kostenstellenumwertung übernehmen. Die Fabrikatergebnisse werden sich bei Anwendung dieser Methode naturgemäß von denen des ersten Verfahrens unterscheiden, sie sind deshalb aber keineswegs richtiger; denn auch zwischen Herstellkosten und Umwertungen läßt sich eine proportionale Relation nur konstruieren, nicht aber nachweisen, und das um so weniger, je vielgestaltiger das Produktionsprogramm ist.

Methode III schließlich akzeptiert ebenfalls die Erkenntnis, daß die Kostenstellenumwertungen als Bestandteil der Istkosten in das Betriebsergebnis gehören. Sie hielte auch eine Verteilung auf die Fabrikate für richtig, wenn diese praktisch realisierbar wäre. Da dies aber in aller Regel nicht der Fall ist, verzichtet sie auf diese Weiterbelastung, weist die Fabrikationsergebnisse nur als „Bruttoergebnisse" aus der Differenz zwischen Umsatzerlösen und verrechneten Normalkosten aus, verdichtet sie zum „Brutto-Betriebsergebnis" und korrigiert dieses „en bloc" um die Gesamtsumme der Kostenstellenumwertungen (vgl. Vorseite).

Die Normalkostenrechnung kann also als ein Instrument des betrieblichen Rechnungswesens bezeichnet werden, das in erster Linie den Zwecken der Angebotskalkulation und Preisbildung dient und das zur Erfüllung dieser Aufgaben die Nachteile der Istkostenrechnung durch die Anwendung langfristig gültiger Normalkosten-Verrechnungssätze ausschaltet.

Die daraus entstehenden Nachteile für die Fabrikat- und Betriebserfolgsrechnung werden zwar nicht ganz beseitigt, aber vertretbar dadurch gemindert, daß die Kostenstellenumwertungen entweder mit Hilfe von Schlüsselgrößen auf die Fabrikate verteilt oder aber ohne Aufgliederung in einer Summe in das Betriebsergebnis übernommen werden.

Auf Seite 82 wird der Begriffskatalog der Normalkostenrechnung noch einmal zusammengefaßt dargestellt, um das Arbeiten mit dieser Form des Rechnungswesens zu erleichtern.

6.3 Die Plankostenrechnung

Die Plankostenrechnung ist eine noch recht junge Form des betrieblichen Rechnungswesens, deren Entwicklung noch keineswegs abgeschlossen ist.

6.3.1 Das Wesen der Plankostenrechnung

Um die Gründe, die zur Entwicklung der Plankostenrechnung geführt haben, zu verstehen, muß man sich noch eimmal vor Augen halten, daß die Istkostenrechnung eigentlich keiner Aufgabe des betrieblichen Rechnungswesens in ausreichendem Maße gerecht zu werden vermag. Die Normalkostenrechnung eignet sich zwar zumindest für die Zwecke der Angebotskalkulation und Preisbildung, bringt aber für die nachträgliche Erfolgsrechnung die geschilderten Nachteile.

Für die Erfüllung der Kontrollaufgaben der Kostenrechnung sind beide Systeme nur wenig brauchbar, weil sie nur die Instrumente des Zeit- und Betriebsvergleichs, auf deren Nachteile bereits in ausreichendem Maße hingewiesen worden ist (vgl. „Die Methoden der Kostenauswertung"), anwenden.

Genau an dieser Stelle ist der Ansatzpunkt der Plankostenrechnung, die klar erkannt hat, daß gerade in der heutigen Zeit des immer schärfer werdenden Konkurrenzkampfes auf nationalen und internationalen Märkten der Betriebsüberwachung und Kostenbeeinflussung eine entscheidende Rolle im Rahmen der Unternehmenssteuerung zukommt. Sie versucht, diese Aufgabe mit allen Mitteln des Soll-Ist-Vergleichs zu erfüllen.

Dieser ist – wie in dem Abschnitt „Die Methoden der Kostenauswertung" schon angedeutet – so aufgebaut, daß den tatsächlich innerhalb einer Zeitperiode angefallenen Kosten (Istkosten) nach ganz bestimmten und noch näher darzustellenden Prinzipien errechnete Vorgabewerte (Sollkosten) gegenübergestellt werden, die echter Maßstab für die Wirtschaftlichkeit der betrieblichen Tätigkeit sind. Entsprechen im Rahmen der Betriebskontrollrechnung die Istwerte den Sollzahlen, so wird damit die wirtschaftliche Arbeitsweise des Betriebes dokumentiert; sind die Istwerte jedoch höher, hat der für den jeweiligen Bereich Verantwortliche (in der Regel der Betriebs- oder Abteilungsleiter) diese Überschreitung zu begründen.

Damit wird deutlich, daß – ebenso wie die Normalkostenrechnung – auch die Plankostenrechnung auf die Erfassung der
Istkosten keineswegs verzichten kann. Sie müssen genauso nach
Kostenarten und Kostenstellen getrennt gesammelt werden wie
im System der Istkostenrechnung auch, um den Vorgabewerten
gegenübergestellt werden zu können. Der erzieherische Effekt
einer solchen Vergleichsrechnung bewirkt nach allen Erfah-
rungen, die mit dieser Form des Rechnungswesens bisher gemacht worden sind, eine wesentliche Steigerung des Kosten-
bewußtseins der Betriebs- und Abteilungsverantwortlichen und
einen spürbar positiven Einfluß auf die Kostengestaltung.

6.3.2 Die Ermittlung der Plankosten

■ **Plankosten einer Fertigungskostenstelle**

Kostenart Fertigungsmaterial:

Ausgangspunkt für die Ermittlung des Planwertes für die
Kostenart Fertigungsmaterial innerhalb einer Fertigungskostenstelle sind die Konstruktionsunterlagen und die Arbeitsunter-
lagen des Betriebes, aus denen die Stücklisten erstellt werden.
Diese geben – zunächst rein mengenmäßig – den für die Fertigung einer Einheit benötigten Materialverbrauch innerhalb jeder Kostenstelle an. Wenn nun die Planbeschäftigung der
Fertigungskostenstelle festliegt (vgl. nächsten Abschnitt) und
wenn bekannt ist, wieviel Erzeugniseinheiten bei dieser als
Planbeschäftigung bestimmten Beschäftigungshöhe die Fertigungskostenstelle durchlaufen, kann durch Multiplikation der
Zahl der Erzeugniseinheiten mit dem Materialverbrauch pro
Erzeugniseinheit der mengenmäßige Planverbrauch errechnet
werden. Wenn dieser mit einem Planpreis (in der Regel einem
festen Verrechnungspreis) bewertet wird, ergibt sich der Vorgabewert für die Kostenart Fertigungsmaterial im Punkt der
Planbeschäftigung.

Kostenart Fertigungslohn:

Ganz ähnlich wird bei der Festlegung des Planwertes für die Kostenart Fertigungslohn vorgegangen. Ausgangspunkt sind von der Zeitstudienabteilung oder Arbeitsvorbereitung erstellte Arbeitsablaufpläne, in denen jeder Arbeitsgang, der in jeder Kostenstelle verrichtet werden muß, aufgezeichnet wird. Diese Arbeitsgänge werden bewertet, und nun wird die Zahl der bei Planbeschäftigung zu leistenden Arbeitsgänge festgelegt. Durch ihre Multiplikation mit dem Lohnwert je Arbeitsgang lassen sich entsprechende Vorgabezahlen errechnen.

In entsprechender Weise werden die Planwerte für die anderen Kostenarten ermittelt.

Es ist naheliegend, daß im Mittelpunkt einer so ausgerichteten Kostenrechnung die Frage nach der Ermittlung der Plankosten als der die Wirtschaftlichkeit der Arbeitsweise bestimmenden Größe steht. Diese Frage ist von um so größerer Bedeutung, als vielfach in der Praxis die Kostenrechnung nur als weiter ausgebaute Sonderform der Normalkostenrechnung und demzufolge die Normalkosten als für die Zwecke des Soll-Ist-Vergleichs völlig ausreichende Vorgabewerte angesehen werden.

Diese Auffassung ist jedoch eindeutig falsch; denn Plankosten, die der Betriebskontrolle dienen, müssen nach anderen, strengeren Prinzipien ermittelt werden als in die Angebotskalkulation und Preisbildung einfließende Normalkosten. Während diese auf den – möglicherweise bereinigten – Istkosten der Vergangenheit aufbauen, steht im Mittelpunkt der Kostenplanung die buchtechnische Methode (vgl. „Die Methoden der Kostenauswertung").

Das bedeutet, daß die Planwerte – und zwar für jede Kostenart innerhalb einer jeden Kostenstelle – weitgehend losgelöst von den Kosten- und Beschäftigungszahlen der Vergangenheit, vielmehr aufbauend auf technischen Größen und ingenieurmäßig errechneten Verbrauchsangaben ermittelt werden.

Die Istwerte der Vergangenheit werden allenfalls als Hilfs-
größen zu Abstimmungszwecken herangezogen oder aber bei
denjenigen Kostenarten verwendet, die mengenmäßig nicht
bestimmbar sind (z. B. kalkulatorische Kostenarten) Vgl. Plankosten einer Fertigungskostenstelle.

Von besonderer Bedeutung ist, daß die Kostenplanung immer in
enger Zusammenarbeit mit den Betriebsleuten (Betriebsleiter,
Meister, Arbeitsvorbereitung, Zeitstudienabteilung, Technische
Betriebswirtschaft usw.) erfolgt. Nur wenn diese die Vorgabewerte als erreichbar akzeptiert haben, hat es Sinn, sie in den
Soll-Ist-Vergleich einzubauen. Damit wird deutlich, daß nur
unter ganz bestimmten Voraussetzungen erreichbare Ideal-
werte für die Plankostenrechnung völlig unbrauchbar sind.
Zwar sollen die Vorgabekosten durchaus einen Leistungsanreiz
bieten und das kostenbewußte Denken verstärken, sie müssen
aber unter normalen Umständen erreichbare Werte darstellen.
Nur dann wird sie der Betriebsmann anerkennen und den Soll-
Ist-Vergleich als Instrument der Betriebskontrolle unterstützen.

6.3.3 Die Auswahl der Planbeschäftigung

In den bisherigen Ausführungen wurde wiederholt darauf hingewiesen, daß die Plankosten immer nur für einen ganz bestimmten Beschäftigungspunkt – nämlich den der Planbeschäftigung – Maßstabsfunktion haben. Das liegt ganz einfach
daran, daß die Plankosten möglichst für ein ganzes Geschäftsjahr (oder länger) als Vorgabewerte gültig sein sollen, die Istbeschäftigung in den einzelnen Monaten dieses Jahres aber allein schon infolge der unterschiedlichen Zahl von Arbeitstagen
stark schwankt. Nun ist aber leicht einzusehen, daß in beschäftigungsstarken Monaten der rein mengenmäßige Verbrauch – und damit auch der Kostenverzehr – zumindest der
nicht fixen Kostenarten höher ist als in beschäftigungsschwachen.

Entsprechend veränderbar müssen auch die Vorgabewerte sein. Da es aber in der Regel aus rein arbeitstechnischen Gründen unmöglich ist, für jeden nur denkbaren Beschäftigungsgrad einen eigenen Vorgabewert für jede Kostenart innerhalb einer jeden Kostenstelle planerisch festzulegen (obwohl bestimmte Methoden der Plankostenrechnung und auch die von der Eisen- und Stahlindustrie entwickelte Richtkostenrechnung dies versuchen), wird eine bestimmte Beschäftigungshöhe als Planbeschäftigung fixiert. Die Vorgabewerte werden auf der Basis dieser Planbeschäftigung ermittelt (Plankosten) und dann mit Hilfe besonderer Rechenverfahren (vgl. „Die Formen der Plankostenrechnung") im monatlichen Soll-Ist-Vergleich umgewandelt und den individuellen Beschäftigungsverhältnissen dieses Monats angepaßt (Sollkosten).

Damit kommt dem Ansatz der Planbeschäftigung besondere Bedeutung zu. Deshalb sind auch eine ganze Reihe unterschiedlicher Denkmodelle zur Bestimmung dieses Punktes entwickelt worden. Der Praktiker muß jedoch berücksichtigen, daß für die Planbeschäftigung ähnliches gilt wie für den Ansatz der Plankosten, d. h., sie muß eine den tatsächlichen Verhältnissen möglichst nahekommende Beschäftigungsgröße sein.

Maximal- oder Optimalbeschäftigungen als Grundlage für den Ansatz der Planbeschäftigung mögen zwar einen gewissen theoretischen Effekt bewirken, sind jedoch zumeist von den tatsächlichen Verhältnissen zu weit entfernt, als daß sie der Betriebsmann als reale Größen anerkennen würde.

Der zweckmäßigste Ansatz für die Bestimmung der Planbeschäftigung ist deshalb die sogenannte engpaßorientierte Beschäftigung. Hierbei werden sämtliche betrieblichen und außerbetrieblichen Engpässe, welche die tatsächliche Beschäftigung eines Betriebes oder einer Kostenstelle beeinflussen können, in die Planüberlegung einbezogen.

Auf der Basis der so bestimmten Planbeschäftigung werden in der dargestellten Weise die Plankosten ermittelt und in den monatlichen Soll-Ist-Vergleich einbezogen.

Beispiel zur engpaßorientierten Beschäftigung

1. Die Produktions- und Absatzmöglichkeiten ließen eine dreischichtige Beschäftigung zwar zu, für den Nachtschichtbetrieb sind jedoch keine Arbeitskräfte zu bekommen. In diesem Falle werden diese als Engpaß angesehen, und die Planbeschäftigung wird zweischichtig angesetzt.

2. Der Betrieb kann zwar 1 000 E/Monat produzieren, aber nur 500 E/Monat absetzen. Engpaß ist der Absatz. Die Planbeschäftigung auch der Produktionsbetriebe wird auf 500 E/Monat festgesetzt, sofern nicht aufgrund besonderer Erwägungen die Lagerbestände aufgefüllt werden sollen.

3. Die Produktionskapazität der meisten betrieblichen Kostenstellen beträgt 1 000 E/Monat. Der in den Leistungsfluß eingebaute Ofenbetrieb kann jedoch nur 700 E/Monat verarbeiten. Er wird als Engpaß angesehen, und demzufolge wird auch die Planbeschäftigung der vor- und nachgeschalteten Kostenstellen auf 700 E/Monat festgelegt.

Nun werden aber trotz der Engpaßorientierung Planbeschäftigung und Istbeschäftigung der einzelnen Monate aus den obengenannten Gründen nur selten identisch sein und demzufolge auch in den tatsächlich angefallenen Kosten Einflüsse stecken, die rein beschäftigungsbedingt sind und vom Betriebsmann nicht verantwortet werden können (Beispiel: Bei einer gegenüber der Planbeschäftigung um 20 % höheren Istbeschäftigung wird sicherlich auch der Stromverbrauch höher sein, ohne daß dies verbrauchsbedingte Ursachen hat). Sie müssen aus dem Soll-Ist-Vergleich eliminiert werden. Deshalb müssen in der Vergleichsrechnung vorher die nur für den Punkt der Planbeschäftigung gültigen Plankosten in Vorgabewerte umgewandelt werden, die für die jeweilige Istbeschäftigung Maßstabsfunktion haben und um die Beschäftigungsabweichungen bereinigt worden sind. Sie werden in der Sprache der Plankostenrechnung *Sollkosten* genannt.

6.3.4 Die Formen der Plankostenrechnung

Die Umwandlung der Plankosten in Sollkosten und die damit verbundene Ausgestaltung des Soll-Ist-Vergleichs kann im System der Plankostenrechnung auf unterschiedliche Weise erfolgen.

■ **Die starre Plankostenrechnung**

Die älteste Form der Plankostenrechnung ist die aus der Budgetrechnung öffentlicher Verwaltungen abgeleitete starre Plankostenrechnung.

Bei der starren Plankostenrechnung ist eine Anpassung der Plankosten an Beschäftigungsänderungen gar nicht möglich; vielmehr werden die für den Punkt der Planbeschäftigung ermittelten und auch nur für ihn gültigen Vorgabewerte in den Soll-Ist-Vergleich übernommen.

Beispiel zur starren Plankostenrechnung

Plankosten Hilfslohn bei Planbeschäftigung: 3 000 DM

Beschäftigungsgrad 80 %

Istkosten Hilfslohn bei Istbeschäftigung: 2 700 DM

Soll-Ist-Vergleich

Kostenart	Sollkosten	Istkosten	Abweichungen
Hilfslohn	3 000 DM	2 700 DM	+ 300 DM

Sollkosten = Plankosten

Es ist klar, daß eine solche Form des Soll-Ist-Vergleichs nur wenig aussagefähig ist, weil die auf Beschäftigungsänderungen zurückzuführenden Abweichungen die Vergleichsrechnung be-

lasten und von den vom Betriebsmann zu vertretenden Mehr-
oder Minderverbräuchen (Verbrauchsabweichungen) nicht getrennt werden können. Nur wenn rein zufällig Übereinstimmung
zwischen Plan- und Istbeschäftigung besteht, sind die Plankosten als Vorgabewerte brauchbar. Aus diesem Grund ist trotz
der einfachen Handhabung diese Form des Soll-Ist-Vergleichs
nur noch selten anzutreffen.

■ **Die flexible Plankostenrechnung**

Das Gegenstück zur starren ist die flexible (bewegliche) Plankostenrechnung.

Eine Plankostenrechnung wird als „flexibel" bezeichnet, wenn
sie die Anpassung der Plankosten an Beschäftigungsänderungen
ermöglicht. Das bedeutet, daß die aus der unterschiedlichen
Beschäftigung resultierenden Kostendifferenzen aus den monatlichen Vorgabewerten, die Maßstab einer wirtschaftlichen
Arbeitsweise sein sollen, eliminiert werden, so daß aus den nur
für den Punkt der Planbeschäftigung gültigen Plankosten Vorgabewerte für jedwede Effektivbeschäftigung abgeleitet werden
können. Diese Flexibilität erreicht die Plankostenrechnung auf
verschiedene Weise.

Ursprünglich weit verbreitet, heute aber nur noch in kleineren
Unternehmungen anzutreffen, ist der von Michel entwickelte
und nach ihm benannte *Aufwandbewegungsplan* (auch Stufen-
plan oder Universalbudget). Bei dieser Methode werden die Kosten einer jeden Kostenart innerhalb einer jeden Kostenstelle für
verschiedene Beschäftigungsstufen (in der Regel im Abstand von
je 10 Prozent) geplant. (Beispiel: Die Stromkosten der Kostenstelle
Dreherei werden nicht nur für eine Planbeschäftigung von 1 000
Maschinenstunden, sondern auch für eine Planbeschäftigung
von 900, 800, 700, 600 bzw. 1 100, 1 200, 1 300 Maschinenstunden
nach den geschilderten Prinzipien geplant.) Die Plankostenrechnung spricht von einer „staffelförmigen Budgetierung der
Aufwände".

Für die Erstellung des monatlichen Soll-Ist-Vergleichs brauchen lediglich die Plankosten der der Istbeschäftigung entsprechenden Stufe den jeweiligen Istkosten gegenübergestellt zu werden. Wenn die Istbeschäftigung eines Monats beispielsweise 700 Maschinenstunden betragen hat, werden den Istkosten dieses Monats die Planwerte bei Planbeschäftigung 700 Maschinenstunden gegenübergestellt und daraus die vom Betrieb zu vertretenden Verbrauchsabweichungen errechnet.

Dieses auf den ersten Blick einleuchtende und auch durchaus richtige Verfahren weist allerdings so gravierende Nachteile auf, daß es – wie gesagt – heute nur noch in kleineren Betrieben angewendet wird. So sind sowohl die Plan- wie auch die Planüberholungsarbeiten sehr aufwendig, da für jede Stufe sämtliche Planzahlen und ihre Änderungen erarbeitet werden müssen. Das Ausmaß der damit verbundenen Schwierigkeiten wird deutlich, wenn man bedenkt, daß in großen Unternehmungen oftmals mehrere hundert Kostenstellen geführt werden, in denen jeweils bis zu 70 und mehr Kostenarten enthalten sein können.

Die zweite und weitverbreitete Möglichkeit, die Plankostenrechnung flexibel zu gestalten, ist die *Variatormethode*. Hierbei wird – im Gegensatz zum Michelschen Verfahren – für jede Kostenart nur ein Planwert, und zwar der, welcher sich im Punkte der Planbeschäftigung ergibt, ermittelt. Allerdings wird schon im Punkte der Kostenplanung jede Kostenart auf ihren fixen und proportionalen Anteil untersucht und der Grad der Proportionalität durch den Variator ausgedrückt. Wenn also die Kostenart Hilfslohn in der Dreherei im Punkt der Planbeschäftigung zu 70 % proportional und zu 30 % fix ist, erhält sie den Variator 7. Die voll proportionalen Fertigungslöhne werden mit dem Variator 10 und die voll fixen kalkulatorischen Zinsen mit dem Variator O gekennzeichnet.

Beispiel zur flexiblen Plankostenrechnung

Stufe 1: Plankosten Hilfslohn bei Planbeschäftigung   100 % = 3 000 DM
Stufe 2: Plankosten Hilfslohn bei Planbeschäftigung   90 % = 2 700 DM
Stufe 3: Plankosten Hilfslohn bei Planbeschäftigung   80 % = 2 580 DM
Stufe 4: Plankosten Hilfslohn bei Planbeschäftigung   70 % = 2 370 DM

Beschäftigungsgrad: 80 %; Istkosten: 2 700 DM

Soll-Ist-Vergleich

Kostenart	Sollkosten	Istkosten	Abweichungen
Hilfslohn	2 580 DM	2 700 DM	– 120 DM

Sollkosten abgelesen aus Stufe 3 des Aufwandbewegungsplanes

Beispiel zur Variatormethode

Plankosten Hilfslohn bei Planbeschäftigung: 3 000 DM; Variator 7

Beschäftigungsgrad: 80 %; Istkosten Hilfslohn: 2 700 DM

Soll-Ist-Vergleich

Kosten-art	Plan kosten	Variator	Prop. Soll- kosten[1]	Soll- kosten gesamt[2]	Ist- kosten	Abwei- chungen
Hilfslohn	3 000 DM	(7)	1 680 DM	2 580 DM	2 700 DM	– 120 DM

1 Prop. Sollkosten = $\dfrac{\text{Plankosten x Variator}}{10}$ x Beschäftigungsgrad = $\dfrac{3\ 000\ x\ 7}{10}$ x 80

2 Sollkosten gesamt = prop. Sollkosten + fixe Kosten = 1 680 DM + 900 (30 % von 3 000)

Im monatlichen Soll-Ist-Vergleich müssen die Plankosten einer jeden Kostenart mit Hilfe des dieser Kostenart zugewiesenen Variators in fixe und proportionale Plananteile aufgespalten, die proportionalen Plankosten der Istbeschäftigung entsprechend in proportionale Sollkosten umgewandelt, diese mit den Fixkosten zu den gesamten Sollkosten addiert und sodann den Istkosten gegenübergestellt werden.

Diese Methode hat gegenüber dem Aufwandbewegungsplan den Vorteil, Planung und Planungsüberholung auf nur eine Plankostenreihe zu beschränken, dafür aber den Nachteil einer relativ umständlichen Sollkostenermittlung.

Als dritte Form der flexiblen Plankostenrechnung sei die Methode der *Grenzplankostenrechnung* genannt, die – wie die Variatormethode – mit Hilfe eines der dargestellten Verfahren der Kostenauflösung die Plankosten in fixe und proportionale Anteile aufspaltet, im Gegensatz zur Variatormethode aber den Proportionalitätsgrad nicht durch den Variator kennzeichnet, sondern die fixen und proportionalen Kostenanteile im Soll-Ist-Vergleichsbogen getrennt aufführt und damit die sofortige Umwandlung der proportionalen Plankosten (auch „Planarbeitskosten" genannt) in die proportionalen Sollkosten („Sollarbeitskosten" benannt), ihre Addition mit den fixen Kosten (auch als „Leerkosten" bezeichnet) zu den Gesamtsollkosten und deren Vergleich mit den Istkosten ermöglicht.

Aus der Gegenüberstellung der so mit Hilfe der flexiblen Plankostenrechnung gewonnenen Sollkosten und der Istkosten ergeben sich – wie erwähnt – die um Beschäftigungseinflüsse befreiten und deshalb vom Betrieb voll zu vertretenden Verbrauchsabweichungen (Mehr- oder Minderverbrauch von Kosten gegenüber den Vorgabewerten).

Die Abweichungen werden Kostenart für Kostenart in absoluten Zahlen und in Prozent der Sollkosten ausgedrückt. Außerdem werden sie noch kumulativ vom Beginn des Wirtschaftsjahres an bis einschließlich des laufenden Monats dargestellt. Die darüber hinaus erfolgende Gegenüberstellung der Kosten je Bezugsgrößeneinheit (Plankosten-, Sollkosten- und Istkostensatz) führt die kostenmäßige Lage des realisierten Beschäftigungsniveaus nochmals deutlich vor Augen.

Beispiel zur Grenzplankostenrechnung

Plankosten Hilfslohn bei Planbeschäftigung: 3 000 DM, davon 900 DM fix und 2 100 DM proportional

Beschäftigungsgrad: 80 %; Istkosten Hilfslohn: 2 700 DM

Soll-Ist-Vergleich

Kostenart	Plankosten		Sollkosten		Istkosten	Abwei-
	fix	prop.	prop.[1]	gesamt[2]	gesamt	chungen
Hilfskosten	900 DM	2 100 DM	1 680 DM	2 580 DM	2 700 DM	– 120 DM

1 Prop. Sollkosten = $\dfrac{\text{prop. Plankosten x Beschäftigungsgrad}}{100} = \dfrac{2\ 100 \text{ x } 80}{100}$

2 Sollkosten gesamt = prop. Sollkosten + fixe Kosten

In der folgenden Übersicht (Seite 98) werden die in der Plankostenrechnung üblichen und in den bisherigen Ausführungen genannten Begriffsbestimmungen zusammengefaßt. Ein Rechenbeispiel veranschaulicht die verbalen Ausführungen in zahlenmäßiger (Seite 99) und graphischer (Seite 101) Form.

97

Begriffsbestimmungen in der Plankostenrechnung

Planbeschäftigung	= diejenige Beschäftigungsgröße, auf deren Grundlage die Plankosten ermittelt werden.
Istbeschäftigung	= die tatsächliche Beschäftigung eines Monats, ausgedrückt in Mengen oder Zeitgrößen.
Beschäftigungsgrad	= das Verhältnis von Istbeschäftigung zu Planbeschäftigung, wobei die Planbeschäftigung = 100 gesetzt ist.
Plankosten	= Vorgabekosten bei Planbeschäftigung.
Sollkosten	= Vorgabekosten bei Istbeschäftigung.
Istkosten	= in einer Abrechnungsperiode tatsächlich angefallene Kosten.
Plankostenverrechnungssatz	= Plankosten einer Kostenstelle : Planbeschäftigung.
Verrechnete Plankosten	= der mit der Ist-Beschäftigung multiplizierte Plan-Verrechnungssatz.
Gesamtabweichung	= verrechnete Plankosten ./. Istkosten. Diese Gesamtabweichung wird aufgespalten in
a) Beschäftigungsabweichung	= verrechnete Plankosten ./. Sollkosten,
b) Verbrauchsabweichung	= Sollkosten ./. Istkosten

98

Rechenbeispiel:

Planbeschäftigung	= 1 000 Std.
Istbeschäftigung	= 600 Std.
Beschäftigungsgrad	= 60 %
Plankosten	= 10 000 DM
	davon 3 000 DM fix
	7 000 DM proportional

Plankostenverrechnungssatz = 10 DM/Std. $\dfrac{10\ 000\ DM}{1\ 000\ Std.}$

Verrechnete Plankosten = 6 000 DM (600 Std.
x 10 DM/Std.)

Sollkosten = 7 200 DM
$(7\ 000\ DM \times \dfrac{60}{100} + 3\ 000\ DM)$

Istkosten = 9 000 DM angenommen
Gesamtabweichung = − 3 000 DM (verrechnete
Plankosten
·/. Istkosten)

Davon:
a) Beschäftigungs-
   abweichung = − 1 200 DM (verr. Plankosten
·/. Sollkosten)
b) Verbrauchsabweichung = − 1 800 DM (Sollkosten
·/. Istkosten)

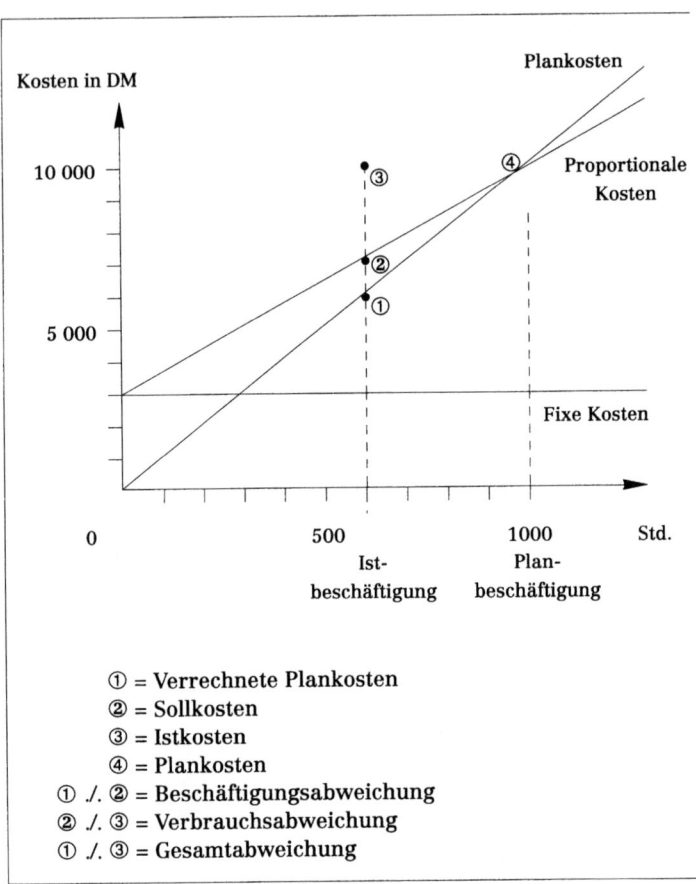

Abb. 3: Die Plankostenrechnung graphisch dargestellt

6.4 Die Deckungsbeitragsrechnung

6.4.1 Die Aufgaben der Deckungsbeitragsrechnung

Während die Plankostenrechnung vornehmlich Betriebskontroll-aufgaben zu übernehmen hat, dient die Deckungsbeitrags-rechnung primär den Zwecken der Erfolgsermittlung, der Angebotskalkulation und Preisbildung. Auf die vielfältigen praktischen Anwendungsmöglichkeiten einer Deckungsbeitrags-rechnung – insbesondere im Hinblick auf die Entscheidungs-findung im Unternehmen – wird unter B Fallstudie Deckungs-beitragsrechnung eingegangen. Hier jedoch geht es zunächst um die theoretischen Grundlagen und die verschiedenen Methoden.

Kostenträgerrechnungen können auf Voll- und Teilkostenbasis durchgeführt werden. Die Nachteile der herkömmlichen Voll-kostenrechnung bestehen darin, daß nur ein Teil der Kosten (nämlich die Einzelkosten) den Kostenträgern direkt angelastet werden kann, während der übrige Teil der Kosten (die Ge-meinkosten) mit Hilfe von Schlüsselgrößen mehr oder weniger exakt auf die Träger verteilt werden muß.

Die Verteilung von Kosten über Schlüsselgrößen ist nur dann korrekt, wenn zwischen ihnen und der ausgewählten Bezugs-grundlage eine eindeutige Proportionalität besteht. Gerade diese aber ist infolge der unterschiedlichen „Kostenzusammensetzung" in den einzelnen Betriebsteilen nur sehr schwer zu erreichen. Das gilt vor allem für die vielen Kostenarten, die eindeutig oder doch weitgehend fixen Charakter haben und keinerlei Abhän-gigkeit von irgendeiner leistungsabhängigen Bezugsgröße auf-weisen. Je größer aber der Block der nicht exakt anlastbaren Kosten wird, um so ungenauer muß zwangsläufig jede Kalkulation werden. Daran ändert auch ein noch so differenziertes und ausgeklügeltes Schlüsselsystem nichts. Und hier ist der Ansatz-punkt für die Deckungsbeitragsrechnung, die davon ausgeht, daß die schematische Verteilung sämtlicher Kosten (Vollkosten) in der Kalkulation zu erheblichen Fehlschlüssen bei der Beurteilung der einzelnen Kostenträger führen kann, weil diese u. U. mit Kostenanteilen belastet werden, auf die sie keinen Einfluß haben. Darum werden in der Deckungsbeitragsrechnung nur diejenigen Kosten den Kostenträgern direkt angelastet und den Umsatzerlösen gegenübergestellt, die ihnen eindeutig zugerechnet werden können, während die übrigen Kosten global gesammelt und dem Betriebsergebnis in einer Summe oder in Stufen zugeordnet werden.

Die folgende schematische Darstellung mag den grundsätzlichen Unterschied der Erfolgsermittlung im System der Deckungsbeitragsrechnung gegenüber der traditionellen Vollkostenrechnung verdeutlichen (vgl. S. 103).

Maßgebend für die Beurteilung eines Erzeugnisses ist nun nicht mehr die Vollkostendeckung (also die Deckung der Einzel- und Gemeinkosten durch die Umsatzerlöse), sondern die Höhe des Deckungsbeitrages (= Brutto-Fabrikatergebnis), also desjenigen Anteils, den das Erzeugnis zur Deckung der nun einmal vorhandenen, aber den einzelnen Erzeugnissen nicht direkt anlastbaren Kostenbestandteile trägt. Je höher der Deckungsbeitrag ist, um so größer ist auch die Förderungswürdigkeit des Produktes; denn in um so stärkerem Maße ist das Produkt an der generellen Abdeckung der nun einmal entstandenen, aber dem Produkt nicht direkt zulastbaren Kosten beteiligt.

Diese Aussage gilt völlig unabhängig vom Umfang der Vollkostendeckung. In der Praxis braucht keineswegs das Erzeugnis mit dem höchsten Deckungsbeitrag auch die beste Vollkostendeckung aufzuweisen und umgekehrt, wie die praktischen Beispiele zu diesem Abschnitt zeigen (vgl. „Praktische Beispiele zu den einzelnen Methoden der Deckungsbeitragsrechnung", S. 117 ff.).

Das Problem der Deckungsbeitragsrechnung besteht nun darin, die den Kostenträgern direkt anlastbaren Kosten von den nicht direkt zuzuordnenden zu trennen. Und genau dieses Problem hat zu der erwähnten Entwicklung der unterschiedlichen Methoden der Deckungsbeitragsrechnung geführt, da zu dieser Frage von der modernen Betriebswirtschaftslehre durchaus unterschiedliche Auffassungen entwickelt worden sind.

Erfolgsermittlung im System der Vollkostenrechnung

Fabrikat A	**Fabrikat B ... usw. ➤ Betriebs-ergebnis**
Umsatzerlös	Umsatzerlös
– Einzelkosten (direkt belastet)	– Einzelkosten
– Gemeinkosten (über Kostenstellenrechnung)	– Gemeinkosten
Netto-Fabrikatergebnis A	Netto-Fabrikatergebnis B ... usw.

Summe: Netto-Fabrikatergebnis A + Netto-Fabrikatergebnis B +...usw.
= Netto-Betriebsergebnis

Erfolgsermittlung im System der Deckungsbeitragsrechnung

Fabrikat A	**Fabrikat B ... usw. ➤ Betriebs-ergebnis**
Umsatzerlös	Umsatzerlös
– direkt zurechenbare Kosten	– direkt zurechenbare Kosten
Brutto-Fabrikatergebnis A	Brutto-Fabrikatergebnis B ... usw.

Summe:
Brutto-Fabrikatergebnis A + Brutto-Fabrikatergebnis B + ... usw.
= Brutto-Betriebsergebnis
– nicht direkt zurechenbare Kosten

Netto-Betriebsergebnis

6.4.2 Die Formen der Deckungsbeitragsrechnung

■ **Die Grenzplankostenrechnung**

Die älteste Methode der Deckungsbeitragsrechnung ist die schon im vorigen Abschnitt erwähnte Grenzplankostenrechnung. Der Ausgangspunkt dieser Methode ist die Plankostenrechnung mit ihrer exakten Aufspaltung einer jeden Kostenart innerhalb einer jeden Kostenstelle in einen fixen und einen proportionalen Anteil. Sowohl in der Angebotskalkulation als auch in die nachträgliche Erfolgsrechnung werden lediglich die proportionalen Kosten einbezogen. Dazu zählen die Einzelkosten in die zu ihren Zuschlagsgrundlagen proportionalen Teile der Gemeinkosten. Nur sie werden als den Fabrikaten direkt anlastbare Kosten angesehen. Ihnen – und nur ihnen – wird der Umsatzerlös gegenübergestellt; aus dieser Differenz wird der Umsatzerfolg ermittelt, der selbstverständlich nur ein Bruttoerfolg (Grenzerfolg) sein kann, weil der große Block der fixen Kosten durch ihn noch nicht erfaßt wird. Die Erfolgsermittlung im System der Grenzplankostenrechnung sieht also wie folgt aus:

Erfolgsermittlung im System der Grenzplankostenrechnung

Fabrikat A	Fabrikat B ... usw. **→** Betriebs-ergebnis
Umsatzerlös	Umsatzerlös
– Einzelkosten (direkt belastet)	– Einzelkosten
– prop. Gemeinkosten (über Kostenstellen-rechnung)	– prop. Gemeinkosten
Brutto-Fabrikatergebnis A	Brutto-Fabrikatergebnis B

Summe:
Brutto-Fabrikatergebnis A + Brutto-Fabrikatergebnis B + ... usw.
= Brutto-Betriebsergebnis
– fixe Kosten

Netto-Betriebsergebnis

Da die fixen Kosten aber – nach Ansicht der Grenzplankosten-rechner – einzelnen Erzeugnissen, vor allem in Betrieben mit differenziertem Produktionsprogramm, niemals exakt zuge-rechnet werden können, erfolgt die Abdeckung der fixen Kosten nur im Rahmen der Betriebsergebnisrechnung aus der Summe der Bruttoerfolge aller Kostenträger.

Für die Beurteilung eines Produktes ist nicht – wie in der traditionellen Kalkulation und Erfolgsrechnung – die Vollkosten-deckung maßgeblich, sondern die Höhe des Bruttoerfolges. Je höher der Bruttoerfolg ist, desto größer ist der Anteil des Produktes an der Deckung der nun einmal vorhandenen fixen Kosten (Deckungsbeitrag).

Mit diesem Vorgehen verleiht die Grenzplankostenrechnung – aber auch alle anderen Formen der Deckungsbeitragsrechnung – der Erfolgsbetrachtung der Nachkalkulation einen gegenüber der Vollkostenrechnung völlig neuen Akzent.

Selbstverständlich baut auch die Vorkalkulation der Grenzplan-kostenrechnung auf anderen Werten auf als die Vollkosten-rechnung; denn auch hier werden für die Beurteilung eines Auftrages zunächst einmal nur die Grenzkosten den erzielbaren Erlösen gegenübergestellt.

In dieser Form ist die Grenzplankostenrechnung zweifelsfrei die übersichtlichste und am einfachsten zu handhabende Methode der Deckungsbeitragsrechnung, die allerdings eine exakte Auf-spaltung der Kosten in fixe und proportionale Elemente vor-aussetzt.

Als Instrument der *Angebotskalkulation* eignet sie sich aller-dings nur in Zeiten der Unterbeschäftigung, in denen jeder Auftrag, der mehr erlöst als die proportionalen Kosten, zur Deckung der nun einmal vorhandenen fixen Kosten beiträgt und damit einen „relativen Gewinn" erwirtschaftet, auch wenn sein Vollkostenergebnis negativ ist (vgl. „Kostenrechnung und Preis-politik"). In Zeiten der Vollbeschäftigung dagegen besteht bei

Anwendung der Grenzplankostenrechnung sehr leicht die Gefahr unnötiger Substanzverschleuderung, wenn diese Form der Deckungsbeitragsrechnung nicht absolut sicher beherrscht wird.

Für die *Erfolgsbetrachtung* ist das Verfahren der Grenzplankostenrechnung dagegen sowohl in Depressionszeiten als auch in Zeiten des konjunkturellen Aufstiegs weitaus besser geeignet als die Vollkostenrechnung; denn sie allein erlaubt das Erkennen der wirklich förderungswürdigen Produkte. Und das sind – wie schon erwähnt – diejenigen, deren Deckungsbeitrag am größten ist, und nicht diejenigen, deren Vollkostenergebnis zufällig positiv ist.

■ Die Grenzstufenrechnung
(oder stufenweise Fixkostendeckungsrechnung)

Die zweite Form der Deckungsbeitragsrechnung ist die Grenzstufenrechnung (in der Praxis auch als „stufenweise Fixkostendeckungsrechnung" bekannt).

Ihre gedankliche Ausgangsposition ist die gleiche wie die der Grenzplankostenrechnung. Auch sie erkennt, daß die Vollkostenrechnung in Betrieben mit differenziertem Produktionsprogramm zu Fehlerergebnissen im Rahmen der Erfolgsermittlung und Kalkulation führen muß, wenn sie alle Kosten – auch die nicht direkt zurechenbaren – über falsche Schlüssel auf die Fabrikate verteilt, und daß es deshalb besser ist, nur die direkt zurechenbaren Kosten den Fabrikaten anzulasten, die nicht direkt zurechenbaren aber in das Betriebsergebnis zu übernehmen.

Als direkt zurechenbar werden dabei – wie in der Grenzplankostenrechnung auch – zunächst einmal die proportionalen Kosten (also die Einzelkosten und die proportionalen Teile der Gemeinkosten) angcsehen. Sie müssen auch im System der Stufenrechnung auf jeden Fall in die Fabrikaterfolgsrechnung und Kalkulation einbezogen und den erzielten bzw. erzielbaren

Umsatzerlösen gegenübergestellt werden. Bis dahin besteht volle Übereinstimmung mit der Grenzplankostenrechnung.

Unterschiede ergeben sich in der Beurteilung der fixen Kosten. Während diese – wie oben dargestellt – von den Grenzplankostenrechnern als ein einheitlicher, homogener Block angesehen werden, der im Hinblick auf die exakte Zurechnung auf die Fabrikate nicht mehr differenziert werden kann, sondern als eindeutig nicht direkt zurechenbares Kostenelement eingestuft wird, das in einer Summe dem Betriebsergebnis anzulasten ist, versuchen die Vertreter der Stufenrechnung, die fixen Kosten aufzuspalten. Sie sind der Meinung, daß es in vielen Fällen durchaus möglich ist, außer den proportionalen auch noch bestimmte Teile der fixen Kosten Fabrikaten oder Fabrikategruppen direkt zuzuordnen.

Demzufolge gliedern sie die gesamten Fixkosten nach folgenden Kriterien:

Gruppe 1 = **erzeugnisabhängige Fixkosten**
Das sind solche fixen Kostenelemente, die einem Fabrikat direkt und unmittelbar angelastet werden können (Beispiel: die kalkulatorischen Kosten für eine Spezialmaschine, die nur für die Fertigung eines Fabrikats eingesetzt wird. Sie können ohne Schwierigkeiten diesem Fabrikat direkt zugerechnet werden).

Gruppe 2 = **erzeugnisgruppenabhängige Fixkosten**
Sie können zwar nicht mehr einem Fabrikat, aber immerhin doch einer Fabrikatgruppe zugeordnet werden. (Beispiel: Im Schmiedebetrieb eines gemischten Hüttenwerkes werden Freiform-Schmiedestücke und geschmiedete Stäbe hergestellt. Die Raumkosten der Schmiedehalle können zwar nicht mehr exakt dem einen oder anderen Fabrikat zugerechnet werden, aber doch immerhin die Fabrikategruppe Schmiedestücke.)

Gruppe 3 = **Bereichsfixkosten**
Dazu zählen z. B. die Kosten einer Verkaufsabteilung, die zwar nicht alle betrieblichen Erzeugnisse, aber doch immerhin die Fabrikate eines ganzen Bereiches vertreibt. Sie sind diesem Bereich zuzuordnen.

Gruppe 4 = **unternehmensbezogene Fixkosten**
Diese sind weder einem Fabrikat, noch einer Fabrikatgruppe, noch einem Bereich direkt anlastbar und müssen deshalb in das Betriebsergebnis übernommen werden. (Beispiel: Vorstandsgehälter, Kosten der Allgemeinen Verwaltung, der Revision, der Organisation usw.)

Wenn es nun möglich ist, außer den proportionalen Kosten die fixen Anteile eines oder einiger dieser Blöcke in der Kalkulation und Erfolgsbetrachtung unterzubringen, so geschieht dies. Wenn also z. B. eine bestimmte Spezialmaschine nur für ein Erzeugnis arbeitet, so würden ihre fixen Kosten als erzeugnisabhängige fixe Kosten zusätzlich zu den proportionalen Kosten dieses Erzeugnisses in den Grenzpreis mit einbezogen; oder wenn ein Betrieb nur mit der Herstellung eines Erzeugnisses oder einer Erzeugnisgruppe beschäftigt ist, setzen sich die in die Kalkulation und Erfolgsrechnung einzubeziehenden Kosten dieses Erzeugnisses oder dieser Erzeugnisgruppe außer aus den Proportionalkosten auch noch aus den erzeugnis- und erzeugnisgruppenabhängigen fixen Kosten zusammen.

Die den Umsatzerlösen gegenüberzustellenden Kosten sind in der Grenzstufenrechnung in der Regel höher als in der Grenzplankostenrechnung, der Deckungsbeitrag der einzelnen Fabrikate ist naturgemäß geringer. Dafür ist aber auch der pauschal über das Betriebsergebnis abzudeckende Fixkostenblock kleiner (vgl. „Praktische Beispiele zu den einzelnen Methoden der Deckungsbeitragsrechnung", Seite 117 ff.).

Der unbestreitbare Vorteil der Grenzstufenrechnung ist darin zu sehen, daß der oftmals sehr große Abstand zwischen absoluter

Preisuntergrenze (Proportionalkosten) und den Vollkosten durch die verschiedenen Zwischenstufen überbrückt wird. Es ist sicherlich sowohl für die Angebotskalkulation als auch für die Erfolgsrechnung interessant zu wissen, welcher Teil der fixen Kosten durch die erzielbaren bzw. erzielten Erlöse gedeckt wird.

Allerdings ist das Verfahren in praxi nur bedingt anwendbar; denn es setzt voraus, daß es wirklich Maschinen, Kostenstellen, Betriebe gibt, die nur für ein Produkt oder eine Produktgruppe tätig werden. Man könnte sich so etwas in horizontal gegliederten Unternehmungen vielleicht vorstellen; und in diesem Falle sollte man nicht zögern, das Verfahren der Grenzplankostenrechnung um die Verfeinerung der Grenzstufenrechnung zu erweitern. In vertikal gegliederten Betrieben dürften diese Voraussetzungen jedoch nur höchst selten gegeben sein.

■ **Die Standardgrenzpreisrechnung**

Die Standardgrenzpreisrechnung ist eine weitere Form der Deckungsbeitragsrechnung. Ausgangspunkt dieser Methode ist ebenfalls das Gedankengut der Grenzplankostenrechnung, das aber nur für Zeiten der Unterbeschäftigung akzeptiert wird. In diesen Zeiten werden den erzielbaren bzw. erzielten Umsatzerlösen auch nur die proportionalen Kosten gegenübergestellt und die Erzeugnisse nach ihrer Proportionalkostenüberdeckung beurteilt.

Für den Fall der Voll- bzw. Überbeschäftigung wird dieser Gedanke aber um folgende Variante ergänzt:

Wenn in der Voll- bzw. Überbeschäftigung ein Erzeugnis hergestellt wird, wird damit die Produktion eines anderen Erzeugnisses, das ebenfalls hätte hergestellt werden können, verhindert. Dieses Erzeugnis hätte aber vermutlich auch einen Deckungsbeitrag erwirtschaftet, der nunmehr verlorengeht. Mithin reicht für die Beurteilung des tatsächlich produzierten Erzeugnisses sowohl in der Angebotskalkulation als auch in der Erfolgsrechnung nicht mehr die Differenz zwischen Grenzkosten und Umsatzerlösen aus, sondern es muß zusätzlich der entgangene Grenzgewinn (= Deckungsbeitrag) des verdrängten Produktes berücksichtigt werden.

Der Standardgrenzpreis, der in der Vollbeschäftigung allein Grundlage für die Beurteilung der Förderungswürdigkeit eines Erzeugnisses sein darf, setzt sich also zusammen aus den Grenzkosten des produzierten Erzeugnisses und dem Deckungsbeitrag des verdrängten Erzeugnisses.

Diese Summe (und nicht allein die Grenzkosten) muß den Umsatzerlösen gegenübergestellt werden. Das kann u. U. dazu führen, daß dieser Standardgrenzpreis höher wird als die Vollkosten des Erzeugnisses (vgl. „Praktische Beispiele zu den einzelnen Methoden der Deckungsbeitragsrechnung").

Das sich bei dieser Überlegung ergebende Problem ist die Frage der Ermittlung des entgangenen Deckungsbeitrages der verdrängten Produkte und seiner Addition zu den Grenzkosten der hergestellten Erzeugnisse.

Es muß anerkannt werden, daß die Standardgrenzpreisrechnung die Nachteile, die die Grenzplankostenrechnung in Zeiten der Vollbeschäftigung für die Angebotskalkulation und Erfolgsrechnung aufweist, erkennt und zu überwinden versucht. Dennoch ist dieses Verfahren nur wenig praxisnah und recht umständlich und arbeitsaufwendig; denn die Errechnung des entgangenen Deckungsbeitrages der verdrängten Erzeugung setzt doch voraus, daß annähernd gleichartige Produkte die betrieblichen Produktionsmittel beanspruchen und Kosten und Erlös dieser Produkte bekannt sind.

Die Erfolgsermittlung im System der Standardgrenzpreisrechnung sieht also wie folgt aus:

Erfolgsermittlung im System der Standardgrenzpreisrechnung

1. In der Unterbeschäftigung

Fabrikat A   **Fabrikat B ... usw.** ➤ **Betriebs-**
                                                            ergebnis

Umsatzerlös   Umsatzerlös
– Einzelkosten   – Einzelkosten
– prop. Gemeinkosten   – prop. Gemeinkosten

Brutto-Fabrikatergebnis A   Brutto-Fabrikatergebnis B

Summe:
Brutto-Fabrikatergebnis A + Brutto-Fabrikatergebnis B + ... usw.
                                 = Brutto-Betriebsergebnis
                                 – fixe Kosten

                                 Netto-Betriebsergebnis

2. In der Vollbeschäfftigung

Fabrikat A   **Fabrikat B ... usw.** ➤ **Betriebs-**
                                                            ergebnis

Umsatzerlös   Umsatzerlös
– Standardgrenzpreis*   – Standardgrenzpreis*

Brutto-Fabrikatergebnis A   Brutto-Fabrikatergebnis B

Summe:
Brutto-Fabrikatergebnis A + Brutto-Fabrikatergebnis B + ... usw.

*Standardgrenzpreis =	= Brutto-Betriebsergebnis
Einzelkosten	– Fixe Kosten
+ prop.Gemeinkosten	= Netto-Betriebsergebnis
+ Deckungsbeitrag der verdrängten Fabrikate	+ Deckungsbeitrag der verdrängten Fabrikate

                                 = Netto-Betriebsergebnis II

■ Die Deckungsbeitragsrechnung im „engeren Sinne"

Eine weitere Form des Rechnens mit Deckungsbeiträgen ist die von Paul Riebel entwickelte Deckungsbeitragsrechnung im „engeren Sinne" (in Theorie und Praxis auch das Rechnen mit *„relativen Einzelkosten"* genannt)

Der Aufbau dieser Form der Deckungsbeitragsrechnung unterscheidet sich doch ganz erheblich von den bisher dargestellten Verfahren. Dabei ist die gedankliche Ausgangsposition durchaus die gleiche. Auch diese Methode erkennt die Fehler der Vollkostenrechnung und hält es für richtiger, nur die auch wirklich direkt zurechenbaren Kosten in die Fabrikaterechnung einzubeziehen. Aber der Inhalt dieser direkt zurechenbaren Kosten und ihre Abgrenzung zu den nicht direkt zurechenbaren ist doch wesentlich anders als bei den übrigen Formen. Während bei diesen grundsätzlich von der Trennung der Kosten in fixe und proportionale Elemente ausgegangen wird, gliedert die Deckungsbeitragsrechnung im „engeren Sinne" nach anderen Kriterien.

So werden zunächst einmal die Gesamtkosten – entsprechend ihrem Einfluß auf die Liquidität der Unternehmung – in ausgabenferne und in ausgabennahe Bestandteile aufgeteilt. Als ausgabenfern werden dabei solche Kostenelemente angesehen, welche die Liquidität der Unternehmung erst in späterer Zeit in Anspruch nehmen (z. B. Abschreihungen), während ausgabennahe Kosten innerhalb der nächsten Wochen zu einer echten Geldausgabe führen (z. B. Personalkosten).

Die ausgabennahen Kosten werden nun noch weiter unterteilt in sogenannte

■ Leistungskosten

■ Bereitschaftskosten und

■ Mischkosten

Als *Leistungskosten* werden solche Kostenarten bezeichnet, die unmittelbar im Zusammenhang mit Absatz oder Produktion der Fabrikate anfallen und diesen daher auch direkt zugerechnet werden können. Sie lassen sich ihrerseits in die absatzbedingten Leistungskosten (z. B. Provision, Verpackung) und in die erzeugnisbedingten Leistungskosten (z. B. Fertigungsmaterial) aufgliedern.

Bereitschaftskosten sind dagegen zeitraumbezogene Kosten, die in der Regel nicht mehr den einzelnen Fabrikaten, sondern nur bestimmten Zeitperioden (Monat, Jahr usw.) zugeordnet werden können. Wenn sie in einer Abrechnungsperiode (z. B. in einem Monat) angefallen und durch diesen Monat und in diesem Monat auch verursacht worden sind, heißen sie Perioden-Einzelkosten (z. B. Fertigungslohn, Hilfslohn, Gehälter, Energien, Brennstoffe); wenn sie aber in einem Monat verrechnet werden, ohne daß sie in diesem Monat verursacht worden sind, werden sie Perioden-Gemeinkosten genannt (z. B. Reparaturraten, in Raten verrechnete Jahresmieten).

Diese Gliederung in Perioden-Einzelkosten und in Perioden-Gemeinkosten ist nicht identisch mit der in der traditionellen Kostenrechnung üblichen Gliederung der Kosten in Einzelkosten und Gemeinkosten (vgl. „Die Kostenartenrechnung"), sondern ein Ergebnis der Riebelschen Theorie von den „relativen Einzelkosten", nach der es im Grunde genommen keine oder nur sehr wenige Gemeinkosten im traditionellen Sinne gibt, weil sich alle Kosten – auch die Gemeinkosten – irgendeinem Bezugsobjekt immer direkt und unmittelbar zurechnen lassen.

Mischkosten enthalten sowohl Leistungs- als auch Bereitschaftsanteile (z. B. Gasverbrauch im Stahlwerk: Schmelzgas = leistungsabhängig; Warmhaltegas = bereitschaftabhängig). Sie kommen in praxi aber nur relativ selten vor.

Die folgende Darstellung zeigt die Gliederung des Gesamtkostenblocks im System der Deckungsbeitragsrechnung im „engeren Sinne" noch einmal im Zusammenhang:

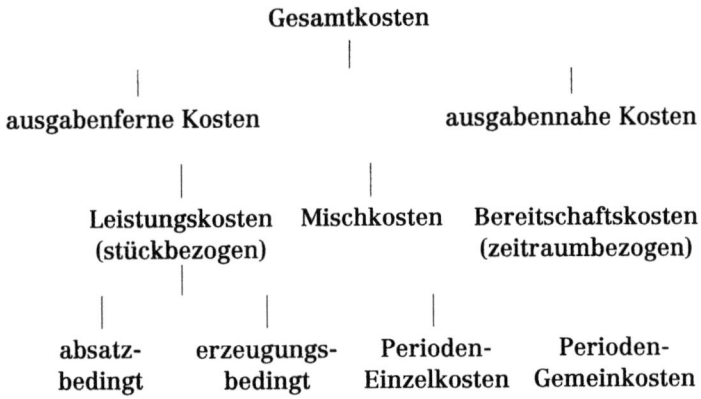

Gesamtkosten

ausgabenferne Kosten   ausgabennahe Kosten

Leistungskosten   Mischkosten   Bereitschaftskosten
(stückbezogen)   (zeitraumbezogen)

absatz-   erzeugungs-   Perioden-   Perioden-
bedingt   bedingt   Einzelkosten   Gemeinkosten

Abb. 4: Gliederung des Gesamtkostenblocks im System der Deckungsbeitragsrechnung

Die Kalkulation und Erfolgsrechnung erfolgt – ähnlich wie bei der Grenzstufenrechnung, aber mit anderen Ausgangswerten – in mehreren Etappen. So werden zunächst nur die Leistungskosten als vom Erzeugnis unbedingt zu tragende Verbrauchswerte kalkuliert. Sodann wird versucht, ob evtl. in den Perioden-Einzelkosten noch direkt zurechenbare Elemente stecken (das sind in erster Linie Fertigungslohnanteile). Auch diese werden in die Fabrikatrechnung mit einbezogen. Ihnen werden die Umsatzerlöse gegenübergestellt, der ausgewiesene Bruttobetrag wird als Deckungsbeitrag zur Abdeckung aller übrigen Kosten angesehen. Je höher dieser Deckungsbeitrag ist, um so mehr trägt er auch zur Abdeckung aller anderen Kostenblöcke bei und um so förderungswürdiger ist das einzelne Erzeugnis (vgl. „Praktische Beispiele zu den einzelnen Methoden der Deckungsbeitragsrechnung", Seite 117 ff.).

Auch dieses Verfahren ist – vorerst wenigstens – noch zu wenig praxisnah, obwohl es die Kostentheorie in zunehmendem Maße beschäftigt. Die Auflösung des Gesamtkostenblocks in so viele Kostenkomponenten macht die Methode sehr unübersichtlich und steht der praktischen Anwendung im Wege. So ist es bei diesem Verfahren außerordentlich schwer, die einzelnen Kosten-arten den verschiedenen Kostenkategorien zuzuordnen. Es be-steht leicht die Gefahr, daß die gleichen Kostenarten einmal in diese, einmal in jene Kostenkategorie eingegliedert werden. Das erschwert natürlich die Übersicht und die praktische Anwen-dung; denn damit wird das Verfahren doch sehr von den per-sönlichen Auffassungen derjenigen abhängig, die für die Kostenaufgliederung verantwortlich sind, und das reicht für eine exakte Kalkulation und Erfolgsrechnung sicher nicht aus.

Zusammenfassend kann also festgestellt werden:

Die Deckungsbeitragsrechnung ist als ein Instrument der Erfolgsrechnung und Angebotskalkulation anzusehen, das sich bemüht, die Nachteile der traditionellen Vollkostenrechnung auszuschalten. Hinsichtlich der Anwendbarkeit und des Er-kenntniswertes sind die verschiedenen Methoden unterschied-lich zu beurteilen. Sofern an den Aufbau einer Deckungs-beitragsrechnung gedacht wird, sollte zweckmäßigerweise mit der Grenzplankostenrechnung, die – soweit möglich – um das Gedankengut der Grenzstufenrechnung erweitert werden kann, begonnen werden.

Im übrigen sollte die Weiterentwicklung aller Formen der Deckungsbeitragsrechnung in Theorie und Praxis sehr sorgfäl-tig beobachtet werden, weil ihr Einfluß auf die Praxis des Rechnungswesens immer mehr zunimmt.

**Schema der Erfolgsermittlung im System der Deckungsbeitrags-
rechnung im „engeren Sinne"**

Fabrikat A   **Fabrikat B ... usw.** → **Betriebs-
                                                                    ergebnis**

Umsatzerlös   Umsatzerlös
– absatzbedingte   – absatzbedingte
Leistungskosten   Leistungskosten

Reduzierter Erlös   Reduzierter Erlös
– erzeugungsbedingte   – erzeugungsbedingte
Leistungskosten   Leistungskosten

Deckungsbeitrag I   Deckungsbeitrag I
– direkt zurechenbare   – direkt zurechenbare
Perioden-Einzelkosten[1]   Perioden-Einzelkosten[1]

Deckungsbeitrag II[2]   Deckungsbeitrag II[2]

Summe: DB II Fabrikat A + DB II Fabrikat B ... usw.

= Brutto-Betriebsergebnis
– nicht direkt zurechenbare
Perioden-Einzelkosten und
Mischkosten

Deckungsbeitrag III[3]
– Perioden-Gemeinkosten

Deckungsbeitrag IV[4]
– ausgabenferne Kosten

Deckungsbeitrag V oder
Netto-Betriebsergebnis

---

1 In erster Linie Fertigungslöhne, die in den meisten Fällen den Fabrikaten
  direkt angelastet werden können.
2 Deckungsbeitrag II= Produkt oder Artikelbeitrag. Seine Höhe ist Maßstab für
  die Beurteilung der Fabrikate.
3 Deckungsbeitrag III = „Überschuß über sämtliche variablen Kosten".
4 Deckungsbeitrag IV = „Überschuß über sämtliche mit kurzperiodischen
  Ausgaben verbundenen Kosten".

116

Praktische Beispiele zur Erfolgsrechnung mit Vollkosten und Deckungsbeiträgen

In den folgenden Beispielen (Seite 117 bis 123) wird – ausgehend von den gleichen Zahlen – eine Erfolgsrechnung sowohl auf Vollkosten- als auch auf Deckungsbeitragsbasis erstellt, und zwar unter Anwendung der

1. Vollkostenkalkulation

2. Grenzkostenkalkulation

3. Grenzstufenkalkulation

4. Standardgrenzpreisrechnung

5. Deckungsbeitragsrechnung im engeren Sinne

Es wird angenommen, daß in einer Abrechnungsperiode die drei Produkte A, B und C hergestellt worden sind. Bekannt sind die den drei Produkten direkt anlastbaren Fertigungsmaterial- und Fertigungslohnkosten. Die Fertigungs- und die Verwaltungs- und Vertriebsgemeinkosten (VuV-Kosten) müssen den Produkten mit Hilfe der Zuschlagskalkulation angelastet werden. Bekannt ist weiterhin der erzielte Umsatzerlös für die drei Produkte.

Ausgangspunkt

	Summe	Fix	Prop.	Produkt A	B	C
Fert.-Material	10 000	–	10 000	4 000	4 000	2 000
Fert.-Lohn	100 000	–	100 000	50 000	30 000	20 000
Fertigungsgemein-kosten	100 000	40 000	60 000			
Zu.-Satz a. Fert.-Lohn	100 %	–	60 %			
Herstellkosten	210 000	40 000	170 000			
VuV-Kosten	21 000	21 000	–			
Zu.-Satz a. Herstellkosten	10 %	–	–			
Umsatzerlös	230 000			110 000	70 000	50 000

1. Vollkostenkalkulation

In die Erfolgsrechnung werden die vollen, nach dem Prinzip der Zuschlagsrechnung ermittelten Kosten einbezogen.

Erfolgsrechnung

	A	B	C
Fert.-Material	4 000	4 000	2 000
Fert.-Lohn	50 000	30 000	20 000
Fertigungsgemeinkosten	50 000	30 000	20 000
Herstellkosten	104 000	64 000	42 000
VuV-Kosten	10 400	6 400	4 200
Selbstkosten	114 400	70 400	46 200
Umsatzerlös	110 000	70 000	50 000
Netto-Fabrikaterfolg	− 4 000	− 400	+ 3 800
	(3)	(2)	(1)
Netto-Betriebsergebnis		− 1 000	

2. Grenzkostenkalkulation

In die Erfolgsrechnung werden nur die proportionalen Kosten einbezogen

Erfolgsrechnung

	A	B	C
Fert.-Material	4 000	4 000	2 000
Fert.-Lohn	50 000	30 000	20 000
Prop. Fertigungsgemeinkosten	30 000	18 000	12 000
Prop. Herstellkosten	84 000	52 000	34 000
Umsatzerlös	110 000	70 000	50 000
Deckungsbeitrag (Bruttoerfolg)	+ 26 000	+ 18 000	+ 16 000
	(1)	(2)	(3)

Summe der Deckungsbeiträge	
(Brutto-Betriebsergebnis)	60 000
– Fixkostenblock	61 000

Netto-Betriebsergebnis	– 1 000

3. Grenzstufenkalkulation

Es wird unterstellt, daß in den Fertigungsgemeinkosten 5 000 DM an Kosten des Kapitaldienstes für eine Spezialanlage enthalten sind, die ausschließlich für die Fertigung des Produktes B eingesetzt wird. In diesem Falle sieht – entsprechend den Prinzipien der Grenzstufenrechnung – die Erfolgsrechnung so aus:

Erfolgsrechnung

	A	B	C
Fert.-Material	4 000	4 000	2 000
Fert.-Lohn	50 000	30 000	20 000
Prop. Fertigungsgemeinkosten	30 000	18 000	12 000
Prop. Herstellkosten	84 000	52 000	34 000
Umsatzerlös	110 000	70 000	50 000
Deckungsbeitrag I	+ 26 000	+ 18 000	+ 16 000
(Bruttoerfolg)	(1)	(2)	(3)
– Zurechenbare Fixkosten	–	– 5 000	–
Deckungsbeitrag II	+ 26 000	+ 13 000	+ 16 000
(Bruttoerfolg)	(1)	(3)	(2)
Summe der Deckungsbeiträge			
(Brutto-Betriebsergebnis)		55 000	
– „Übriger" Fixkostenblock		– 56 000	
Netto-Betriebsergebnis		– 1 000	

4. Standardgrenzpreisrechnung

Bei Unterbeschäftigung gleiches Ergebnis wie bei der Grenzkostenrechnung.

Bei Vollbeschäftigung zusätzliche Berücksichtigung der „entgangenen" Deckungsbeiträge der „verdrängten" Produktion.

Dazu zwei Beispiele:

a) Annahme: Für die 100 Einheiten Produkt B hätten auch 100 Einheiten Produkt A zusätzlich hergestellt und abgesetzt werden können.

Erfolgsrechnung

	A	B	C
Prop. Herstellkosten	84 000	52 000	34 000
„Entgangener" Deckungsbeitrag	–	26 000	–
Standard-Grenzpreis	84 000	78 000	34 000
Umsatzerlös	110 000	70 000	50 000
Deckungsbeitrag	+ 26 000	– 8 000	+ 16 000
(Bruttoerfolg)	(1)	(3)	(2)
Summe der Deckungsbeiträge (Brutto-Betriebsergebnis)		34 000	
– Fixkostenblock		61 000	
Netto-Betriebsergebnis I		– 27 000	
+ Entgangener Deckungsbeitrag		26 000	
Netto-Betriebsergebnis II		– 1 000	

b) Annahme: Für die 100 Einheiten Produkt C hätten auch 50 Einheiten Produkt B zusätzlich hergestellt werden können.

120

Erfolgsrechnung

	A	B	C
Prop. Herstellkosten	84 000	52 000	34 000
„Entgangener" Deckungsbeitrag	–	–	9 000
Standard-Grenzpreis	84 000	52 000	43 000
Umsatzerlös	110 000	70 000	50 000
Deckungsbeitrag	+ 26 000	+ 18 000	+ 7 000
(Bruttoerfolg)	(1)	(2)	(3)
Summe der Deckungsbeiträge			
(Brutto-Betriebsergebnis)		51 000	
– Fixkostenblock		61 000	
Netto-Betriebsergebnis I		– 10 000	
+ Entgangener Deckungsbeitrag		9 000	
Netto-Betriebsergebnis II		– 1 000	

5. Deckungsbeitragsrechnung im engeren Sinne

Kostenkategorien

	A	B	C
Absatzbedingte Leistungskosten			
Frachten	12 100	7 700	5 500
2 % Provision	2 200	1 400	1 000
Verpackung	700	900	500
	15 000	10 000	7 000
Erzeugungsbedingte Leistungskosten			
Fertigungsmaterial	4 000	4 000	2 000
Periodeneinzelkosten			
Fertigungslohn (hier direkt			
zurechenbar)	50 000	30 000	20 000

121

Periodengemeinkosten
Fertigungsgemeinkosten + VuV-Kosten
– Fremdstrom (hier Mischkostenart)
– Kalkulatorische Abschreibungen
   (hier ausgabenferne Kosten)
– Absatzbedingte Leistungskosten   70 000

Mischkosten
Fremdstrom   9 000

Ausgabenferne Kosten
Kalkulatorische Abschreibungen   10 000

Erfolgsrechnung

	A	B	C
Umsatzerlös	110 000	70 000	50 000
– absatzbedingte Leistungs- kosten	15 000	10 000	7 000
Reduzierter Erlös	95 000	60 000	43 000
– erzeugungsbedingte Leistungskosten	4 000	4 000	2 000
	91 000	56 000	41 000
Deckungsbeitrag I	(1)	(2)	(3)
– direkt zurechenbare Einzelkosten	50 000	30 000	20 000
Deckungsbeitrag II	41 000	26 000	21 000
(=Produktionsbeitrag)	(1)	(2)	(3)

Summe der Deckungsbeiträge II	
(=Brutto-Betriebsergebnis)	88 000
– nicht direkt zurechenbare Einzel- und Mischkosten	9 000
Deckungsbeitrag III	79 000
(=Überschuß über sämtliche variable Kosten)	
– Gemeinkosten	70 000

Deckungsbeitrag IV	9 000
(= Überschuß über sämtliche	
mit kurzperiodischen Ausgaben	
verbundene Kosten)	
– ausgabenferne Kosten	10 000
Deckungsbeitrag V	– 1 000
(= Netto-Betriebsergebnis)	

B Fallstudie Deckungsbeitragsrechnung

1 Entscheidungen treffen mit Hilfe der Deckungsbeitragsrechnung

Zahlreiche unternehmerische Entscheidungen lassen sich mit Hilfe der Deckungsbeitragsrechnung treffen. Der folgende Fall macht dies deutlich.

■ Falldarstellung

Sie haben in einer bekannten Hotelkette die Leitung des Hotels EXCELSIOR GALA übernommen, das als Tagungs- und Kongreßhotel konzipiert ist. Sie tragen allein die Verantwortung für das erst kürzlich eröffnete Haus und haben eine Reihe unternehmerischer Entscheidungen zu treffen. Kurz einige Daten:

Das Hotel hat 400 Betten. Eine Übernachtung kostet pro Person inclusive Frühstücksbuffet 180 DM.

Die gegenwärtige Auslastung ist noch relativ gering. Das Haus hat eine durchschnittliche Belegung von 240 Betten pro Tag, das heißt 7 200 Übernachtungen pro Monat (circa 60 Prozent).

Die Gesamtkosten betragen pro Monat 1,196 Mio. DM, der monatliche Durchschnittsumsatz 1,296 Mio. DM. Gäste des Hotels sind überwiegend Geschäftsreisende, die eine gepflegte Atmosphäre schätzen.

Nunmehr liegt das Angebot eines europaweit tätigen Reise-
veranstalters der unteren Preiskategorie vor, monatlich 1 000
Betten zu belegen. Er will aber nur 100,00 DM pro Person und
Nacht, inclusive Frühstück, bezahlen. Nehmen Sie das Angebot
an?

1.1 Entscheidung auf Vollkostenbasis

Die gegenwärtige Situation des Hotels auf Volkostenbasis stellt
sich folgendermaßen dar:

durchschnittlicher monatlicher Umsatz:	1 296 000 DM
durchschnittliche monatliche Kosten:	1 196 000 DM
durchschnittlicher monatlicher Gewinn:	100 000 DM

Beweis:

Preis pro Bett	180,00 DM	(1,296 Mio.: 7 200 Betten)
Kosten pro Bett	166,11 DM	(1,196 Mio.: 7 200 Betten)
Gewinn pro Bett	13,89 DM	

Entscheidung über den Zusatzauftrag:

Preis pro Bett	100,00 DM
Kosten pro Bett	166,11 DM
Verlust pro Bett	66,11 DM

Verlust bei 1 000 Betten: 66 110 DM

bisheriger monatlicher Gewinn	100 000 DM
./. Verlust durch Zusatzauftrag	66 110 DM
neuer Gesamtgewinn	33 890 DM

Fazit:

- Der Zusatzauftrag bringt einen Verlust von 66 110 DM.
- Der Gesamtgewinn sinkt von 100 000 DM auf 33 890 DM pro Monat.
- Der Zusatzauftrag ist deshalb abzulehnen.

1.2 Entscheidung auf Teilkostenbasis

Eine differenziertere Kostenbetrachtung wird möglich, wenn die Kosten in fixe und variable Anteile (vgl. S. 56 f.) zerlegt werden. Die fixen Kosten entstehen unabhängig davon, ob und in welchem Umfang die betriebliche Kapazität ausgelastet wird. Im Hotel sind dies zum Beispiel die Gebäudeabschreibungen, die laufende Instandhaltung, die Kosten für Beleuchtung und Beheizung der Hotelräume, Versicherungen, Grundsteuer und die Gehälter der Angestellten.

Variable Kosten entstehen im Gegensatz dazu nur dann, wenn Güter oder Dienste produziert und dadurch die betrieblichen Kapazitäten ausgelastet werden. Hierzu zählen alle Einzelkosten, zum Beispiel Strom und Heizung im belegten Zimmer, Wasserverbrauch, Kosten der Abwasserentsorgung, Kosten der Reinigung der Wäsche, verbrauchsbedingte Abschreibung der Einrichtung der Zimmer.

Gliedert man die monatlichen Kosten des Hotels in dieser Weise auf, dann gelangt man zu folgendem Ergebnis:

Fixkosten	800 000 DM
variable Kosten	396 000 DM
variable Kosten pro Bett	55 DM

Die Ermittlung des Gewinns soll nunmehr in der Weise erfolgen, daß zunächst als neue Größe der Deckungsbeitrag ermittelt wird. Dieser Deckungsbeitrag stellt die Differenz von Umsatzerlös und variablen Kosten bezogen auf ein Stück oder die gesamte Abrechnungsperiode dar. Der Deckungsbeitrag soll die fixen Kosten decken. Bleibt dann noch eine positive Differenz, so stellt diese den Gewinn dar:

Preis pro Bett	180 DM
./. variable Kosten pro Bett	55 DM
Deckungsbeitrag pro Bett	125 DM
Deckungsbeitrag insgesamt:	
125 x 7 200 Betten	900 000 DM
./. Fixkosten	800 000 DM
Gewinn pro Monat	100 000 DM

Die Deckungsbeitragsrechnung führt damit zum gleichen Gesamtergebnis wie die Vollkostenrechnung. Die Entscheidung über den Zusatzauftrag führt jedoch zu neuen Erkenntnissen:

neuer Preis	100 DM
./. variable Kosten	55 DM
neuer Deckungsbeitrag pro Bett	45 DM

neuer Gesamtdeckungsbeitrag:
1 000 Betten x 45 DM = 45 000 DM

bisheriger Gewinn	100 000 DM
Zusatzgewinn	45 000 DM
neuer Gesamtgewinn	145 000 DM

Fazit:

■ Der Zusatzauftrag erwirtschaftet einen zusätzlichen Gewinn von 45 000 DM.

- Der Gesamtgewinn steigt von 100 000 DM auf 145 000 DM.

- Der Zusatzauftrag ist deshalb unter ertragswirtschaftlichen Gesichtspunkten anzunehmen.

1.3 Vorzüge der Deckungsbeitragsrechnung – das breite Anwendungsspektrum

Weshalb wurde nach den Methoden der Vollkostenrechnung ein Verlust, bei der Entscheidung auf Teilkostenbasis jedoch ein Gewinn erzielt?

Bei der Vollkostenrechnung wurde der untaugliche Versuch unternommen, die Fixkosten in Abhängigkeit von der jeweiligen Auslastung des Hotels auf die Zahl der belegten Betten umzurechnen. Eine Änderung durch den Zusatzauftrag wurde dabei nicht berücksichtigt.

Bei der Deckungsbeitragsrechnung wurde der Aspekt der Aufteilung der fixen Kosten völlig außer acht gelassen. Sie geht von der Überlegung aus, daß die fixen Kosten ohnehin anfallen, egal, ob und in welchem Umfang das Hotel belegt ist. Somit wird jeder positive Deckungsbeitrag dazu führen, den vorhandenen Gewinn zu erhöhen beziehungsweise einen gegebenen Verlust zu vermindern.

Die Tatsache, daß bereits ein Gewinn in Höhe von 100 000 DM erwirtschaftet wurde, zeigt, daß sämtliche fixen Kosten gedeckt sind. Somit muß der Zusatzauftrag keine volle Deckung der Kosten mehr erwirtschaften, sondern jeder die variablen Kosten von 55 DM übersteigende Betrag erhöht den Gewinn.

Die Deckungsbeitragsrechnung führt somit zu völlig neuen Erkenntnissen und bietet Entscheidungsgrundlagen für eine Vielzahl wichtiger unternehmerischer Probleme. Sie kann unter anderem Antwort auf die folgenden Fragen geben:

- Bei welcher Kapazitätsauslastung und welchem Umsatz sind sämtliche Kosten gedeckt?

- Ab welcher Abnahmemenge beziehungsweise Auslastung lohnt sich eine Zusatzinvestition?

- Welche Mengen müssen abgesetzt werden, um eine geplante Gewinnsteigerung zu realisieren?

- Welche Folgen hat der Abbau von Vorzugspreisen auf die Rentabilität eines Unternehmens und wie kann dem entgegengesteuert werden?

- Bei welchem zusätzlichen Umsatz sind die Kosten einer Werbeaktion voll gedeckt?

- Wie hoch darf in Ausnahmesituationen ein Gewinnrückgang sein, um noch die Deckung sämtlicher Kosten zu sichern?

- Welche Folgen haben Kosten- und/oder Preisänderungen auf die Rentabilität des Unternehmens?

- Wie hoch ist die kurz- und langfristige Preisuntergrenze der Erzeugnisse beziehungsweise Leistungen des Unternehmens?

- Welches Erzeugnis verkauft sich aus dem Angebotsprogramm am besten und sollte deshalb noch mehr gefördert werden, welches am schlechtesten?

- Wie kann man bei Vorliegen von Engpässen bei der vorhandenen Kapazität die Rentabilität durch Produktionsentscheidungen optimieren?

- Ist Eigenfertigung oder Fremdbezug unter Rentabilitätsaspekten der Vorzug zu geben?

- Welches von zwei gegebenen Fertigungsverfahren ist in Abhängigkeit von der jeweiligen langfristigen Produktionsmenge kostengünstiger?

Alle diese Fragen können mit Hilfe des Instruments der Deckungsbeitragsrechnung beantwortet werden. Voraussetzung hierfür ist jedoch eine klare Gliederung der Kosten in fixe und variable Elemente, wobei die Fixkosten in der Regel nicht einem einzelnen Produkt zugerechnet werden. Bei mehrstufigen Deckungsbeitragsrechnungen ist jedoch die Aufteilung der fixen Kosten auf eine Produktgruppe (erzeugnisfixe Kosten) und das Gesamtunternehmen (unternehmensfixe Kosten) sinnvoll.

1.3.1 Entscheidungsfindung mit der Break-even-point-Analyse

Die wichtigste Frage für den neuen Hotelchef lautet: Wie viele Betten müssen belegt werden, damit das Hotel sämtliche fixen und variablen Kosten deckt? Welcher Umsatz ist hierfür erforderlich?

Lösung:
Jedes belegte Bett erwirtschaftet einen Deckungsbeitrag von 125 DM. Dieser Betrag trägt dazu bei, die fixen Kosten zu decken. Deshalb sind die fixen Kosten am jeweiligen Stückdeckungsbeitrag pro belegtem Bett zu messen:

$$\frac{\text{Fixkosten}}{\text{Stückdeckungsbeitrag}} = \text{Break-even-Menge}$$

Diese Menge zeigt an, wieviele Betten pro Zeiteinheit zu belegen sind, um die fixen Kosten zu decken.

Break-even-Umsatz = Break-even-Menge x Preis

Fixkosten	800 000 DM
Deckungbeitrag pro Bett (db)	125 DM

$$\frac{800\ 000}{125} = 6\ 400$$

Bei einer Belegung von 6 400 Betten sind sämtliche Kosten pro Monat gedeckt. Der Break-even-Umsatz beträgt 6 400 x 180 = 1 152 000 DM.

Graphische Darstellung:

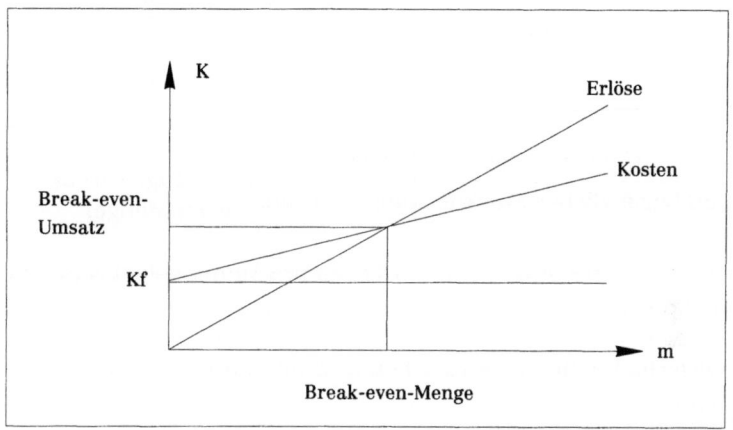

1.3.2 Entscheidungen für Erweiterungsinvestitionen mit Hilfe der Deckungsbeitragsrechnung lösen

Das Hotel hat ein Angebot eines Computerherstellers: 50 Zimmer des EXCELSIOR GALA sollen mit PCs ausgerüstet werden, damit die Konferenzteilnehmer ihre Besprechungsergebnisse sofort aufzeichnen können. Die monatliche Miete pro Anlage beträgt 150 DM. Wieviele Tage müssen die Computer von den Gästen genutzt werden, wenn ein Nutzungstag 25 DM kostet. An variablen Kosten für Strom und Papierverbrauch entstehen 5 DM.

Lösung:
Die fixen Kosten müssen durch Deckungsbeiträge der Benutzer erwirtschaftet werden:

131

$$\frac{\text{zusätzliche Fixkosten}}{\text{zusätzlicher Stückdeckungsbeitrag}} = \text{Break-even-Menge}$$

Zusätzlich Fixkosten pro Anlage	150 DM
Preis für Kunden (Gäste) je Nutzungstag	25 DM
./. variable Kosten	5 DM
Stückdeckungsbeitrag pro Tag	20 DM

$$\frac{150 \text{ (zusätzliche Fixkosten)}}{20 \text{ (zusätzlicher Stückdeckungsbeitrag)}} = 7,5 \text{ Tage (Break-even-Menge)}$$

Die Computer müssen an 7,5 Tagen pro Monat belegt sein, um die zusätzlichen Fixkosten der Erweiterungsinvestition zu erwirtschaften. Jede darüber hinausgehende Vermietung erwirtschaftet einen zusätzlichen Gewinn in Höhe des Deckungsbeitrages.

1.3.3 Planung einer Gewinnsteigerung mit Hilfe der Deckungsbeitragsrechnung

Die Zentrale der Kette von EXCELSIOR GALA ist mit der Belegung des Hotels unzufrieden. Der monatliche Gewinn muß laut Vorgabe der Konzernleitung um 45 000 DM im laufenden Jahr erhöht werden. Welche zusätzliche monatliche Belegung ist dafür erforderlich?

Lösung:
Die Gewinnsteigerung wird als feste Größe betrachtet, die durch die Addition zusätzlicher Deckungsbeiträge erwirtschaftet werden muß:

$$\frac{\text{geplante Gewinnsteigerung}}{\text{Stückdeckungsbeitrag}} = \text{zusätzliche Stückzahl}$$

132

Gewinnsteigerung: 45 000 DM pro Monat
Deckungsbeitrag pro Zimmer (db): 125 DM

$$\frac{45\,000}{125} = 360$$

Es müssen pro Monat 360 Betten beziehungsweise pro Tag 12 Betten mehr belegt sein, um die gewünschte Gewinnsteigerung von monatlich 45 000 DM zu erreichen.

1.3.4 Überlegungen zum Abbau eines Vorzugspreises mit Hilfe der Deckungsbeitragsrechnung

Die Zentrale ordnet weiterhin an, daß die VIP-Vorzugskarten wieder abgeschafft werden, ohne daß dadurch die Rentabilität des Hotels beeinträchtigt werden darf. Die VIP-Vorzugskarten bezweckten die Anwerbung neuer Kunden, die nach Vorlage der Karte jeweils eine Preisermäßigung von 20 Prozent erhielten. Insgesamt wird die Karte durchschnittlich für 600 Übernachtungen pro Monat genutzt.

Lösung:
Der Wegfall der Vergünstigung bedeutet den Ausfall des Deckungsbeitrages für die 600 monatlichen Übernachtungen. Dieser Verlust an Deckungsbeiträgen ist durch zusätzliche Deckungsbeiträge auszugleichen, die zum regulären Preis erwirtschaftet werden:

$$\frac{\text{Verlust an Deckungsbeiträgen}}{\text{dbs zum regulären Preis}} = \begin{array}{l}\text{erforderliche}\\ \text{zusätzliche}\\ \text{Belegung}\end{array}$$

ermäßigter Preis pro Bett	144 DM
./. variable Kosten pro Bett	55 DM
Deckungsbeitrag pro Bett (ermäßtiger Preis)	<u>89 DM</u>

voraussichtlicher Ausfall an Deckungsbeitrag:
600 Übernachtungen x 89 DM =   53 400 DM

Deckungsbeitrag zum Normalpreis: 125 DM

$$\frac{53\ 400}{125} = 427,20$$

Das Hotel muß 428 Betten zum Normalpreis belegen, um den Verlust von 600 Übernachtungen auszugleichen, der durch den Wegfall der Preisvergünstigung entstehen wird.

1.3.5 Berechnung der Kostendeckung einer Werbeaktion mit Hilfe der Deckungsbeitragsrechnung

Mit Hilfe einer groß angelegten Werbeaktion soll eine neue Idee der Öffentlichkeit vorgestellt werden: Hochzeitspaare sollen die „1001-Nacht-Suite" buchen. Diese kostet für ein Wochenende inclusive Galadinner und Champagner in der Luxus-Hochzeits-Suite genau 1 001 DM. An variablen Kosten fallen hierfür 380 DM an. Die Hotelkette hat als Star Nastassja Kinski engagiert, die eine Autogrammstunde im Hotel gibt und auf das neue Angebot hinweist. Wieviel Buchungen sind erforderlich, damit die Kosten der Werbeaktion erwirtschaftet werden, wenn Nastassja Kinski für einen insgesamt zweistündigen Auftritt ein Honorar von 20 000 DM erhält?

Lösung:
Die Kosten der Werbeaktion werden als fixe Größe behandelt, die durch entsprechende Deckungsbeiträge des angebotenen Produkts erwirtschaftet werden müssen.

$$\frac{\text{Kosten der Werbeaktion}}{\text{db}} = \text{Zahl der Buchungen}$$

134

Preis pro Luxus-Suite	1 001 DM
./. variable Kosten	380 DM
Deckungsbeitrag pro Luxus-Suite	621 DM

$$\frac{20\ 000}{621} = 32,2$$

Die Werbeaktion ist erfolgreich, wenn 33 Buchungen der „1001-Nacht-Suite" durch Paare erfolgen.

1.3.6 Wenn der Umsatz zurückgeht – Entscheidungshilfe durch die Deckungsbeitragsrechnung

Viele der amerikanischen Gäste lieben den Verzehr von Hamburgern. Diese Spezialität wird deshalb von der Hotelküche angeboten. Leider hat ein Zulieferer des Hackfleisches minderwertige Qualität geliefert, die zu einer Schlagzeile in der Presse mit dem Titel „Catburger statt Hamburger" führte. In der Folgezeit erlitt das Hotel durch den damit verbundenen Rufschaden starke Rückgänge bei den Buchungen. Der Gewinn vor dem Lebensmittelskandal betrug pro Monat 190 000 DM. Welche Umsatzeinbuße kann das Hotel maximal hinnehmen, bis es in die Verlustzone gerät?

Lösung:
Der Gewinn wird als feste Bezugsgröße betrachtet, der an den Deckungsbeiträgen pro Übernachtung gemessen wird:

$$\frac{\text{Gewinn}}{\text{Stückdeckungsbeitrag}} = \text{maximale Gewinnschmälerung}$$

Gewinn	190 000 DM
Deckungsbeitrag pro Bett	125 DM

$$\frac{190\ 000}{125} = 1\ 520\ \text{Übernachtungen}$$

Wenn monatlich 1 520 Übernachtungen weniger gebucht werden, wird der gesamte Gewinn auf Null reduziert, jedoch sind noch sämtliche Kosten gedeckt. Ein Umsatzrückgang in dieser Größenordnung ist demzufolge zu verkraften, bis durch entsprechende Werbemaßnahmen das Image des Hotels steigt.

1.3.7 Welche Auswirkungen haben Kosten- und/oder Preisänderungen?

Die jüngsten Ereignisse führen zu einer Klausurtagung der Hotelchefs der EXCELSIOR GALA-Kette. Dabei wird ein Szenario möglicher Zukunftsperspektiven und deren Auswirkungen auf die Rentabilität und die Kostensituation des Unternehmens skizziert:

Ausgangspunkt:
Fixkosten   800 000 DM
Deckungsbeitrag pro Bett   125 DM

a) Erhöhung der fixen Kosten um 30 Prozent
(Grund: höhere Personal- und Sachkosten)

Folge:
Fixkosten 1 040 000 DM
ursprüngliche Break-even-Menge   6 400 Betten
neue Break-even-Menge:

$$\frac{1\ 040\ 000}{125} = 8320 \text{ Betten}$$

Die Break-even-Menge der abzusetzenden Bettenkapazität steigt ebenfalls um 30 Prozent. Eine Auslastung von insgesamt 8 320 Betten (69,3 Prozent) ist nunmehr erforderlich, um die gesamten Kosten des Hotels pro Monat zu decken.

136

b) Sinken des Preises um 30 Prozent
(Grund: Konkurrenzunternehmen eröffnet in unmittelbarer Nachbarschaft)

neuer Preis	126 DM
./. variable Kosten	55 DM
neuer Deckungsbeitrag pro Bett	71 DM

neuer Break-even-point:

$$\frac{800\ 000}{71} = 11\ 267,6$$

Monatlich müssen 11 268 Betten belegt werden, um sämtliche Kosten zu decken. Dies entspricht einer Auslastung von 93,9 Prozent. Eine Alternative hierzu ist lediglich im Versuch zu sehen, die variablen und die fixen Kosten zu senken.

c) Sinken der variablen Kosten um 30 Prozent
(Grund: Sinken der Bearbeitungszeiten für Speisen und Getränke durch arbeitssparende Maschinen, günstigere Bezugsquellen für Rohstoffe)

Preis pro Bett	180,00 DM
neue variable Kosten pro Bett	38,50 DM
neuer Deckungsbeitrag pro Bett	141,50 DM

$$\frac{800\ 000}{141,50} = 5\ 653,7$$

Durch die Abnahme der variablen Kosten steigt der Deckungsbeitrag von 125,00 DM auf 141,50 DM. Die Break-even-Menge nimmt deshalb von 6 400 Übernachtungen pro Monat um 746 auf 5 654 Bettenbelegungen ab (11,7 Prozent).

d) Kurzfristige Preisuntergrenze
Die kurzfristige Preisuntergrenze ist dann erreicht, wenn das Unternehmen durch den Preis seine variablen Kosten deckt.

Auf eine Deckung der fixen Kosten wird dabei kurzfristig verzichtet. Im vorliegenden Fall betragen die variablen Kosten 55 DM. Dies ist auch der Tiefstpreis, zu dem das Hotel anbieten kann. Bei jedem niedrigeren Preis würde das Unternehmen einen Verlust für jede zusätzlich am Markt abgenommene Einheit erzielen.

e) Langfristige Preisuntergrenze
Bei Deckung sämtlicher fixer und variabler Kosten wird weder ein Gewinn noch ein Verlust erzielt. Dieser Angebotspreis ist bei einer gegebenen Kapazitätsauslastung für ein bis zwei Jahre am Markt möglich, dann wird entweder wieder die Gewinnzone erreicht oder das Unternehmen wird infolge der Konkurrenzsituation und der mangelnden Investitionen, für die es keine Mittel erwirtschaftet, langfristig aus dem Markt ausscheiden.

Die Überlegungen zeigen, daß die Änderung fixer oder variabler Kosten beziehungsweise des Preises Einfluß auf den Deckungsbeitrag beziehungsweise die Break-even-Menge haben.

1.3.8 Feststellung der Produktrangliste mit Hilfe der Deckungsbeitragsrechnung

Der Hotelchef möchte wissen, welcher Hotelbereich die höchste, welcher die niedrigste Rentabilität erwirtschaftet. Unternehmensbereiche im Hotel sind: Übernachtungsservice, Restaurant, Konferenztrakt und Night Club.

Lösung:
Der Vergleich der Deckungsbeiträge pro Unternehmensbereich zeigt Stärken und Schwächen des Hotels. Besonders aussagefähig wird diese Analyse dann, wenn versucht wird, die einem Unternehmensbereich zurechenbaren fixen Kosten den dort erwirtschafteten Deckungsbeiträgen gegenüberzustellen und

die fixen Kosten der zentralen Dienste als „unternehmensbezogene" fixe Kosten zusammenzufassen. In diesem Zusammenhang spricht man auch vom „mehrstufigen direct costing".

Unternehmensbereiche

	Über- nachtung	Restau- rant	Konferenz- trakt	Night- Club
Deckungs- beitrag I	900 000	200 000	50 000	10 000
./. Kf bereichs- spezifisch	400 000	200 000	60 000	40 000
DB II	500 000	0	./. 10 000	./. 30 000
Gesamt DB II				460 000
./. Kf unternehmens- bezogen				100 000
Gesamtergebnis pro Monat				360 000

Das Ergebnis ist aufschlußreich. Der Gewinn von 360 000 wird
ausschließlich durch den Übernachtungsbereich erwirtschaftet.
Das Restaurant arbeitet zu Selbstkosten, der Konferenztrakt
und der Night-Club mit Verlust. Problematisch ist in diesem
Zusammenhang die Entscheidung einer Schließung zum Beispiel des Night-Clubs. In diesem Fall würde der positive
Deckungsbeitrag von 10 000 DM entfallen, jedoch die fixen
Kosten in Höhe von 40 000 DM zunächst erhalten bleiben. Der
Verlust dieses Unternehmensbereichs würde dann nicht mehr
30 000 DM, sondern 40 000 DM betragen. Aus diesem Grund
ist eine Schließung von Teilbereichen des Hotels nur dann
sinnvoll, wenn sichergestellt werden kann, daß die fixen Kosten kurzfristig abbaufähig sind.

1.3.9 Die Deckungsbeitragsrechnung als Entscheidungshilfe, wenn der Engpaßfaktor ermittelt werden soll

Die Geschäftsleitung steht vor der Frage, welche von mehreren Anfragen während einer Messe, die zu Kapazitätsengpässen im Bereich des Konferenztrakts führt, angenommen werden sollen:

- Eine Familienfeier – voraussichtlicher DB 10 000 DM, erforderliche Saalfläche 300 qm,

- eine Konferenz – geplanter DB 40 000 DM, erforderlicher Raumbedarf 1 000 qm,

- eine Verkaufsveranstaltung – geplanter DB 32 000 DM, erforderliche Saalfläche 700 qm.

Welche der möglichen Saalbelegungen soll unter Rentabilitätsgesichtspunkten gewählt werden, wenn durch Abteilung mit Hilfe flexibler Trennwände jede Saalgröße herbeigeführt werden kann?

Lösung:
Der Deckungsbeitrag muß in bezug zur erforderlichen Fläche gesetzt werden. Ein auf diese Weise ermittelter „relativer" DB zeigt, welche Flächennutzung den höchsten Deckungsbeitrag pro qm erwirtschaftet:

10 000 :   300 = 33,33 DM
40 000 : 1 000 = 40,00 DM
32 000 :   700 = 45,71 DM

Den höchsten Deckungsbeitrag pro qm erwirtschaftet der Kongreß mit 45,71 qm, den geringsten die Familienfeier mit 33,33 DM pro qm.

1.3.10 Die Deckungsbeitragsrechnung bei der Entscheidung Eigenfertigung oder Fremdbezug

Eine Backwarenfabrik bietet an, monatlich 100 Torten zum Preis von je 28,00 DM zu liefern. Bislang hat das Hotel die Torten selbst hergestellt. Pro Stück fielen dabei an variablen Kosten 15,00 DM und an fixen Kosten 20,00 DM bei der oben genannten Menge an. Die Firma beschäftigte einen eigenen Konditor und unterhielt entsprechende Maschinen.

Soll sich die Geschäftsleitung des Hotels für den Fremdbezug entscheiden?

Lösung:
Ein exakter Kostenvergleich ist Voraussetzung für die Entscheidung. Dabei ist auch zu beachten, ob durch den Frembezug nicht nur die bisherigen variablen Kosten entfallen, sondern auch die fixen Kosten mittelfristig abbaufähig sind.

Der Frembezug kostet 28,00 DM pro Torte zuzüglich der bisherigen fixen Kosten von 20,00 DM, die ja noch nicht abgebaut worden sind. Somit entstehen Gesamtkosten von 48,00 DM durch den Fremdbezug anstelle von 35,00 DM bei Eigenfertigung. Aspekte wie Qualität, Liefertreue und Abhängigkeiten vom Zulieferer sind dabei noch nicht berücksichtigt.

Abkürzungen

BAB	Betriebsabrechnungsbogen
DB	Deckungsbeitrag
db	Deckungsbeitrag pro Stück
E	Einheit
G	Gewinn
GKR	Gemeinschaftskontenrahmen
K	Kosten
Kf	fixe Kosten
Kv	variable Kosten
LE	Leistungseinheit
LSÖ	Leitsätze für die Preisermittlung aufgrund der Selbstkosten bei Leistungen für öffentliche Auftraggeber
M	Menge (Güter/Dienste)
M.-Std.	Maschinen-Stunden
P	Preis
RE	Recheneinheit
RKW	Rationalisierungs-Kuratorium der Deutschen Wirtschaft
UE	Umsatzerlöse

Literaturverzeichnis

Bussiek, Jürgen/Fraling, Rolf/Hesse, Kurt:
Unternehmensanalyse mit Kennzahlen,
Reihe „Praxis der Unternehmensführung",
Gabler Verlag, Wiesbaden 1993

Ebert, Günter:
Kosten- und Leistungsrechnung,
6., überarb. Auflage, Gabler Verlag, Wiesbaden 1991

Hummel, Siegfried/Männel, Wolfgang:
Kostenrechnung, Bd. 1 und 2,
4. Auflage, Gabler Verlag, Wiesbaden 1990/1993.

Klenger, Franz:
Kostenrechnungssysteme,
Kiehl Verlag, Ludwigshafen 1985

Lackes, Richard:
EDV-orientiertes Kosteninformationssystem
Gabler Verlag, Wiesbaden 1989

Lang, Helmut:
Kosten- und Leistungsrechnung
(Reihe Bilanzbuchhalter, Band 4),
Verlag C.H. Beck, München 1990

Lang, Helmut:
Rechnungswesen 2,
Kosten- und Leistungsrechnung,
Stark Verlag, Freising 1987

Löffelholz, Josef:
Kontrollieren und Steuern mit Plankostenrechnung,
Reihe „Praxis der Unternehmensführung",
Gabler Verlag, Wiesbaden 1993

Loos, Günter:
Betriebsabrechnung und Kalkulation,
Verlag Neue Wirtschafts-Briefe, Herne 1990

Männel, Wolfgang (Hrsg.):
Handbuch Kostenrechnung,
Gabler Verlag, Wiesbaden 1992

Männel, Wolfgang (Hrsg.):
Kostenrechnungs-Standardsoftware
für mittelständische Unternehmen,
Gabler Verlag, Wiesbaden 1990

Männel, Wolfgang (Hrsg.):
PC-gestützte Kostenrechnung,
Gabler Verlag, Wiesbaden 1991

Reinheimer, Hans:
Kostenrechnung in Frage und Antwort,
3. Auflage, Kiehl Verlag, Ludwigshafen 1980

Riebel, Paul:
Einzelkosten- und Deckungsbeitragsrechnung,
6. Auflage, Gabler Verlag, Wiesbaden 1990

Stichwortverzeichnis

Reihe Praxis der Unternehmensführung

G. Bähr/W. F. Fischer-
Winkelmann/R. Fraling u.a.
**Buchführung – Leitlinien
und Organisation**
144 S., ISBN 3-409-13968-0

J. Bussiek
**Buchführung – Technik
und Praxis**
100 S., ISBN 3-409-13978-8

J. Bussiek/R. Fraling/K. Hesse
**Unternehmensanalyse
mit Kennzahlen**
100 S., ISBN 3-409-13984-2

H. Dallmer/H. Kuhnle/J. Witt
Einführung in das Marketing
142 S., ISBN 3-409-13972-9

H. Diederich
**Grundlagen
wirtschaftlichen Handelns**
92 S., ISBN 3-409-13548-0

O. D. Dobbeck
Wettbewerb und Recht
108 S., ISBN 3-409-13966-4

U. Dornieden/F. W. May/
H. Probst
Unternehmensfinanzierung
130 S., ISBN 3-409-13985-0

U.-P. Egger
**Kreditmanagement im
Unternehmen**
80 S., ISBN 3-409-13993-1

U.-P. Egger/P. Gronemeier
Existenzgründung
104 S., ISBN 3-409-18306-X

D. Glüder
**Förderprogramme
öffentlicher Banken**
120 S., ISBN 3-409-18987-7

H. Hilke
**Bilanzieren nach Handels-
und Steuerrecht
Teil 1:** 134 S.,
ISBN 3-409-13980-X
Teil 2: 160 S.,
ISBN 3-409-13981-8

D. Hofmann
**Planung und Durchführung
von Investitionen**
ca. 100 S., ISBN 3-409-
13994-X

L. Irgel/H.-J. Klein/M. Kröner
Handelsrecht und
Gesellschaftsformen
122 S., ISBN 3-409-13965-6

S. Klamroth/R. Walter
Vertragsrecht
106 S., ISBN 3-409-13967-2

J. Löffelholz
Grundlagen der
Produktionswirtschaft
84 S., ISBN 3-409-13990-7

J. Löffelholz
Kontrollieren und Steuern
mit Plankostenrechnung
72 S., ISBN 3-409-13991-5

J. Löffelholz
Unternehmensformen
und Unternehmens
zusammenschlüsse
68 S., ISBN 3-409-13989-3

H. Lohmeyer/L. Th. Jasper/
G. Kostka
Die Steuerpflicht
des Unternehmens
138 S., ISBN 3-409-13986-9

D. Scharf
Grundzüge des betrieb-
lichen Rechnungswesens
110 S., ISBN 3-409-13988-5

H. D. Torspecken/H. Lang
Kostenrechnung
und Kalkulation
152 S., ISBN 3-409-13969-9

H. J. Uhle
Unternehmensformen und
ihre Besteuerung
110 S., ISBN 3-409-13979-6

P. W. Weber/K. Liessmann/
E. Mayer
Unternehmenserfolg
durch Controlling
158 S., ISBN 3-409-13992-3